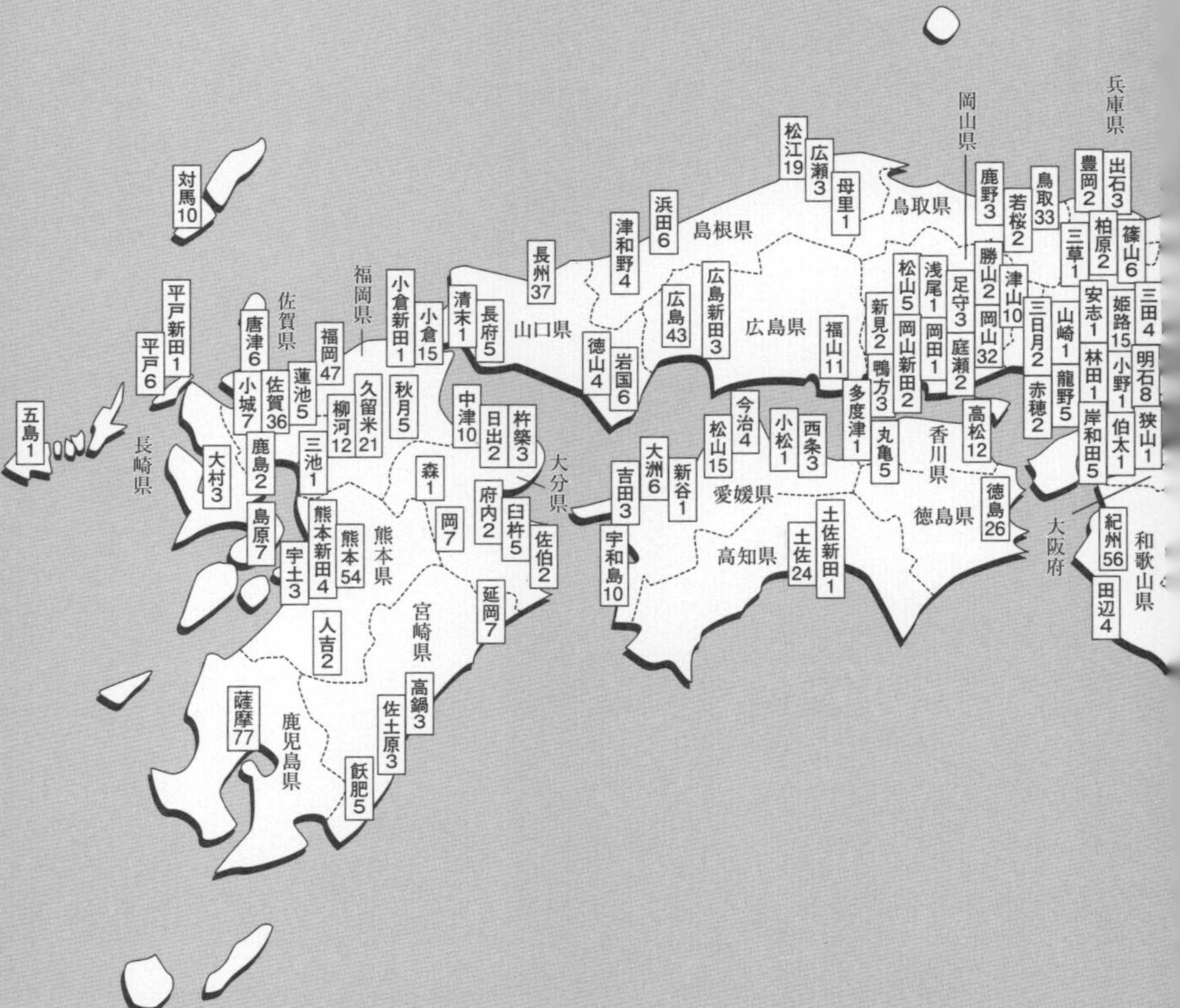

対馬10
五島1
平戸6
平戸新田1
長崎県
唐津6
佐賀県
小城7
佐賀36
蓮池5
福岡47
福岡県
柳河12
久留米21
三池1
大村3
鹿島2
島原7
宇土3
熊本新田4
熊本54
熊本県
人吉2
薩摩77
鹿児島県
小倉新田1
小倉15
秋月5
中津10
日出2
杵築3
大分県
森1
府内2
臼杵5
佐伯2
岡7
延岡7
宮崎県
高鍋3
佐土原3
飫肥5
清末1
長府5
長州37
山口県
徳山4
岩国6
津和野4
浜田6
島根県
広島43
広島新田3
広島県
福山11
松江19
広瀬3
母里1
鳥取県
岡山県
新見2
松山5
岡山新田2
浅尾1
岡田1
足守3
庭瀬2
勝山2
岡山32
津山10
鴨方3
鹿野3
若桜2
鳥取33
豊岡2
出石3
兵庫県
三草1
柏原2
篠山6
三日月2
山崎1
赤穂2
龍野5
安志1
姫路15
林田1
小野1
三田4
明石8
岸和田5
伯太1
狭山1
大阪府
紀州56
和歌山県
田辺4
吉田3
宇和島10
大洲6
新谷1
松山15
今治4
愛媛県
小松1
西条3
多度津1
丸亀5
香川県
高松12
徳島県
徳島26
高知県
土佐24
土佐新田1

シリーズ藩物語

松前藩

濱口裕介・横島公司……著

現代書館

プロローグ

松前藩物語

「松前《まつまえ》藩」と聞いて、貴方はどういったイメージを思い描きますか？　おそらく大半の人は、こう言うのではないでしょうか。「いや、そもそもよく知らないのだ」と。

事実、教科書で取り上げられる歴史上の偉人を輩出したこともなければ、ドラマや小説などで描かれることもほとんどありません（藩の所帯が小さいのですから、当然といえば当然なのですが）。「際立った」史実といえば、先住の民族（アイヌ）に苛政を布いた挙句、彼らの蜂起を幾度も招いたことくらい。松前藩の最大公約数的イメージは「弱きをいじめる小悪党」といったところでしょうか。

ただ、私たちが理解する松前藩の歴史像とは、おもに同藩に批判的な幕府役人たちの記録にもとづいて形成されたという一面もあります。たとえば「松前藩には数々の悪行がありそれを隠蔽するため秘密主義をとった」と、幕府役人から事ごとに批判されています。あたかも、蝦夷地《えぞち》における騒乱の原因はすべて松前藩にあるといわんばかりです。でも、ほんとうにそうでしょうか？

藩という公国

江戸時代、日本には千に近い独立公国があった

江戸時代。徳川将軍家の下に、全国に三百諸侯《しょこう》★の大名家があった。ほかに寺領や社領、知行所《ちぎょうしょ》★をもつ旗本領《はたもとりょう》などを加えると数え切れないほどの独立公国があった。そのうち諸侯を何々家中《けかちゅう》と称していた。家中は主君を中心に家臣が忠誠を誓い、強い連帯感で結びついていた。家臣の下には足軽《あしがる》層《そう》★がおり、全体の軍事力の維持と領民の統制をしていたのである。その家中を藩と後世の史家は呼んだ。

江戸時代に何々藩と公称することはまれで、明治以降の使用が多い。それは近代からみた江戸時代の大名の領域や支配機構を総称する歴史用語として使われた。その独立公国たる藩にはそれぞれ個性的な藩風《はんぷう》と自立した政治・経済・文化があった。幕藩体制とは歴史学者伊東多三郎《いとうたさぶろう》★氏の視点だが、まさに将軍家の諸侯の統制と各藩の地方分権が巧く組み合わされていた、連邦でもない奇妙な封建的国家体制であった。

今日に生き続ける藩意識

明治維新から百四十年以上経っているのに、今こうした「日本史」叙述のありように異議を唱えた人物が、比較文明学者の梅棹忠夫でした。梅棹はこのように述べます。「松前藩は「中央の言論人」によって悪く言われ過ぎている」と。

そもそも松前藩にとっての江戸時代の風景とは、時代劇でよく見るようなものとはまったく別の世界です。雪深き蝦夷島《えぞがしま》（現在の北海道）では米はとれず、住民の大半はアイヌであり、和人《わじん》は通訳なしには旅すらろくにできません。全国に三百余藩あれど、これほど特殊環境に置かれた藩など他にありません。

そのうえ松前藩は、幕府から北辺防備（国境の防衛）まで課されます。ですが最大でも三万石そこそこの小藩に、異民族対策に国境防備、あげくその責任まで負わせるなど、普通に考えれば〝無茶ぶり〟もいいところでしょう。要は、松前藩にだって彼らなりの「言い分」はあるのです。

苛酷な環境に身を置きながら「父祖の地」を守ろうと苦闘した、松前藩二百六十年余の生きざま――。こうした目線で眺めてみると、「中央」の目線からでは見えにくい松前藩の〝意外な〟一面にも気がついたりするものです。

しばし〝辺境〟からの声に、耳を傾けてみませんか？

でも日本人に藩意識があるのはなぜだろうか。明治四年（一八七一）七月、明治新政府は廃藩置県《はいはんちけん》★を断行した。県を置いて、支配機構を変革し、今までの藩意識を改めようとしたのである。ところが、今でも、「あの人は薩摩藩の出身だ」とか、「我らは会津藩の出身だ」と言う。それは侍出身だけでなく、藩領出身も指しており、藩意識が県民意識をうわまわっているところさえある。むしろ、今でも藩対抗の意識が地方の歴史文化を動かしている。そう考えると、江戸時代に育まれた藩民意識が現代人にどのような影響を与え続けているのかを考える必要があるだろう。それは地方に住む人々の運命共同体としての藩の理性が今でも生きている証拠ではないかと思う。

藩の理性は、藩風とか、藩是《はんぜ》とか、ひいては藩主の家風ともいうべき家訓などで表されていた。

［稲川明雄（本シリーズ『長岡藩』筆者）］

諸侯▼江戸時代の大名。
知行所▼江戸時代の旗本が知行として与えられた土地。
足軽層▼足軽・中間・小者など。
伊東多三郎▼近世藩政史研究家。東京大学史料編纂所所長を務めた。
廃藩置県▼藩体制を解体する明治政府の政治改革。廃藩により全国は三府三〇二県となった。同年末には統廃合により三府七二県となった。

シリーズ藩物語

松前藩

目次

第四章　北門の鎖鑰《さやく》——十九世紀前期～中期　消失の憂き目にあった松前藩は復活。小藩ながら、海防の最前線に立たされる。　121

第五章　幕末維新期の松前藩——十九世紀後期　父祖の地松前が戦場に！　怒濤の時代を生きた松前藩の行末——。　157

これも松前

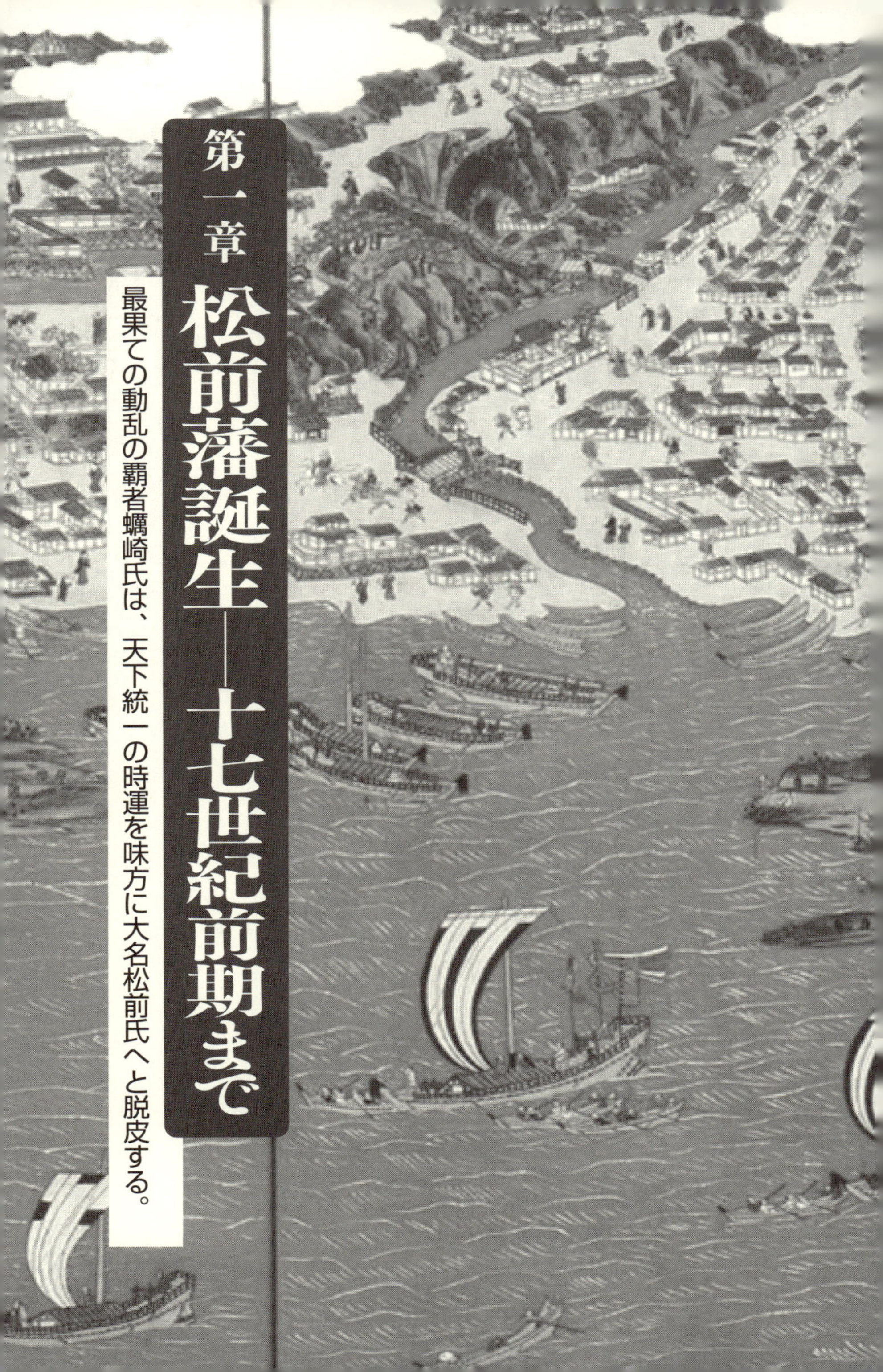

第一章　松前藩誕生——十七世紀前期まで

最果ての動乱の覇者蠣崎氏は、天下統一の時運を味方に大名松前氏へと脱皮する。

① 武田信広登場

松前藩が始祖とあおいだ武将、武田信広。流浪の末に蝦夷島に渡ってアイヌとの戦いを制し、立身を遂げたという。伝説にいろどられた信広の実像は、はたして——。

武田信広、蝦夷島へ

享徳三年（一四五四）八月二十八日。津軽《つがる》海峡を越え蝦夷島《えぞがしま》★に渡ろうとする船に、ひとりの武将の姿があった。その名は、武田信広《たけだのぶひろ》。のちに松前藩主松前家の始祖と仰がれる人物である。

信広は、若狭守護《わかさしゅご》武田信賢《のぶかた》★の嫡子として、永享三年（一四三一）、若狭国（福井県）に生まれたという。だが、父の信賢は嫡子《ちゃくし》だった信広を差し置いて、家督を弟の国信《くにのぶ》にゆずってしまう。信広はこのできごとに身の危険を感じ、夜陰《やいん》にまぎれて故郷から出奔した。宝徳三年（一四五一）三月二十八日、信広二十一歳のときのことである。その後、信広は下野国足利《しもつけのくにあしかが》（栃木県足利市）を経て陸奥《むつ》国に向かい、三戸《さんのへ》の武将南部氏、ついでその宿敵である安東氏のもとに寄寓《きぐう》した。

武田信広の蝦夷島渡海
（『東蝦夷夜話』下巻　札幌市中央図書館蔵）

▼蝦夷島
北海道は歴史上、さまざまな名で呼ばれた。本書では一部をのぞき、江戸時代に使われた「蝦夷島」という呼称で統一する。

そして三年後のこの日、南部大畑（青森県むつ市）から蝦夷島に渡る安東師季《もろすえ》（政《まさ》季《すえ》）に随行し、船上の人となったのだ。松前家の編纂《へんさん》した歴史書『新羅之記録《しんらのきろく》』★は、信広の行動をこのように伝えている。

もっとも、『新羅之記録』は松前家の〝国生み神話〟とでもいうべき書であり、史実に脚色を加えた個所もあることが指摘されている。信広が武田信賢の子だという点も真偽は不明であり、実際は南部氏の出身という説もある。また、その経歴も典型的な貴種流離譚《きしゅりゅうりたん》★であって、そのまま信じられる話ではない。さしあたり信用できるのは、出自のよく分からない武田信広という武将が、津軽海峡を越えて蝦夷島に渡ったという点だけである。

北の中世

中世日本では、天皇の住む京都がもっとも清浄で、そこから離れるほど、ケガレが多くなっていく、という同心円構造の世界観が共有されていた。当時の地理認識では津軽までが日本の領域とされており、蝦夷島は地の果てのさらに向こうにある「異域」とみなされていた。「異域」はもっともケガれた存在で、鬼が住み、あらゆる災厄《さいやく》を日本にもたらすものとされていた。

ところで、日本の北の境界とされる津軽海峡を統括していたのが、津軽の豪族

▼武田信賢
若狭武田家は、平安時代の新羅三郎源義光（よしみつ）にはじまる清和源氏の一流。甲斐武田家（武田信玄で知られる）から分かれた安芸武田家の、さらに分家に当たる。

▼『新羅之記録』
松前藩初代藩主松前慶広の六男、景広（かげひろ）の著。北海道が生んだ現存最古の文献でもある。正保三年（一六四六）、景広が松前氏の氏神である新羅明神（三井寺の護法神）に参詣した際、同寺にて清書・奉納された。

▼貴種流離譚
若い神や高貴な身分の者が、漂泊しながら試練を克服して、神となったり尊い地位を得たりする説話。

安東氏（安藤氏）だった。中世は、国家権力が弱体化した時代であり、国家は国境機能（人・モノ・情報の移動の管理）の行使に手を下す意思も能力も欠如していた。鎌倉幕府や室町幕府も、安東氏に国境機能を委任していたのである。

東北北部に根を張った安東氏は、やがて十三湊《とさみなと》（青森県五所川原市）を拠点として独立色を強めていった。中央からはケガれた地とみなされている蝦夷島も、安東氏から見れば多くの産物を得られる宝の地だった。そこで安東氏は、ちょうど倭寇《わこう》のように境界の地を往来して珍奇な商品を手に入れ、手広く商いを行う海商的な豪族として成長したのである。交易の相手は、おもに蝦夷島のアイヌの人々。安東氏が足利将軍家にラッコ皮★などを献上しているところを見ると、遠く千島列島とも交易ルートを保持していたようだ。

割拠する館主

津軽海峡を管掌《かんしょう》し、交易活動を行う安東氏は、恐らく蝦夷島の側にも何らかの施設を築き、家臣を置いていたことだろう。その後も「異域」のはずの蝦夷島に移住する和人《わじん》★が増えていき、十四、五世紀ごろには、安東氏の家臣らによって渡島《おしま》半島南岸に館《たて》と呼ばれる城砦《じょうさい》が築かれている。

館は防御施設であるが、鉄をはじめとする生産の拠点も兼ねており、また本州

▼ラッコ皮
ラッコは道東・千島列島に分布する動物であり、東北地方には生息していない。

▼和人
アイヌに対して、本州以南に出自をもつ人々を和人という。ウチナーンチュ（沖縄人）に対するヤマトンチュ（大和人）と同様のことば。

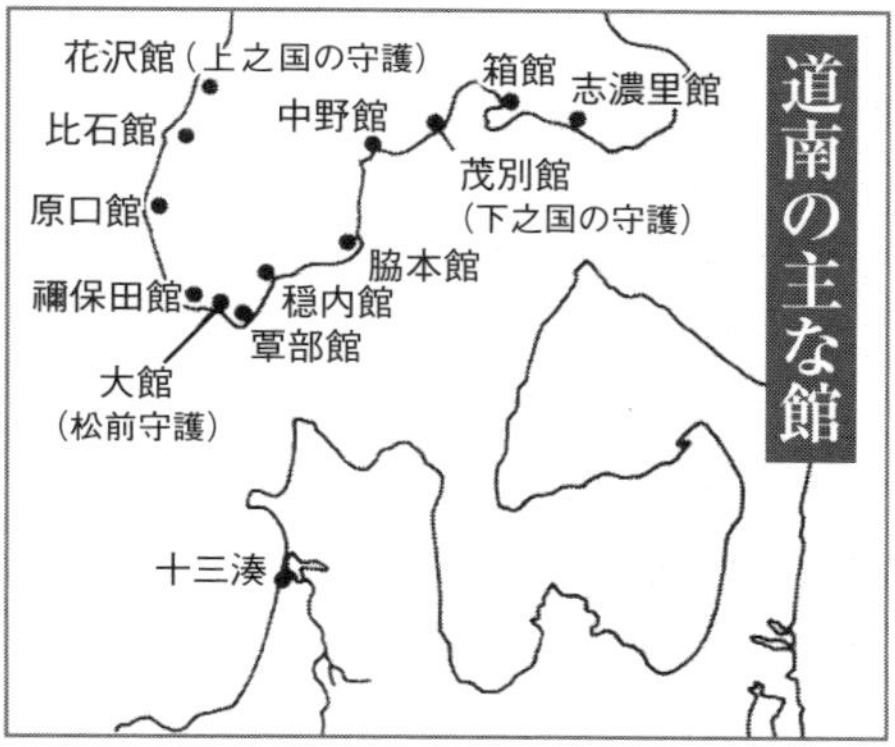

諸港やアイヌとの交易の拠点でもあった。したがって、館を営んだ館主《たてぬし》も主家の安東氏と同様に商人的な性格を持つ武士たちだったのだろう。なお、のちに松前藩が居城をかまえることになる松前の地には大館《おおだて》という館が築かれ、享徳三年（一四五四）にはその館主下国定季《しものくにさだすえ》が安東氏の代官である松前守護に任じられている。

館のなかには埋納銭で知られる志濃里館《しのり》★（函館市）のようにアイヌ語由来の名をもつものもあれば、箱館《はこだて》★のように日本語の名をもつものもある。こうしたことから、館の築かれた道南（北海道南部）地方では和人とアイヌとが入り交じって住んでいたらしく、双方の言葉が飛び交っている様子が想像される。

〝百年紛争〟勃発

十五世紀後半に入り、室町幕府の東国支配が弱体化すると、奥州や道南でも戦国動乱の時代が幕を開けた。奥州の覇権をめぐる争いのなか、新興の南部氏に押された安東氏の力は減退していく。ついに享徳二年（一四五三）、安東氏惣領家は滅亡。安東氏の家督は傍系から安東師季《もろすえ》（政季《まさすえ》）が継いだものの、その衰勢《すいせい》はおおうべくもなかった★。

こうしたなか、『新羅之記録』は、康正二年（一四五六）夏から大永五年（一五

▼**志濃里館**　志苔館とも書く。館の南西約一〇〇メートルの地点から計三八万七五一四枚もの銅銭（多くは中国銭）が発見されており、日本国内で一カ所から発見された古銭としては最大級の量である。この大量の銭は、館の周辺における交易がいかに活発なものだったかを雄弁に物語っている。

空から見た志濃里館
（函館市教育委員会提供）

▼**箱館**　宇須岸館（うすけしだて）ともいう。現在の函館の名の由来になった館。

▼　翌年、下国定季が松前大館の館主に任じられたのは前述のとおり。これは、安東氏による蝦夷島支配再編の一環だった。

二五）春にかけて、アイヌの蜂起があいついだと伝えている。アイヌとの「講和条約」というべき夷狄《いてき》の商船往還《しょうはくおうかん》の法度《はっと》が結ばれたのは天文二十年（一五五一）。なんと百年もの間アイヌと和人との抗争がつづいたことになる。

この百年紛争の発端《ほったん》は、康正二年、志濃里館付近の村で発生したひとつの事件だった。ある日、村の鍛冶に小刀を注文したアイヌの男★が、品物を受け取りに行った。ところが、そのできをめぐって口論になり、鍛冶がアイヌの男を刺殺する殺人事件に発展してしまう。

道南地方において、和人とアイヌは混住していたようだが、両者の社会の間にはさまざまな軋轢《あつれき》があったのだろう。それがこの突発的な殺人事件を機に爆発したのだ。こうしてアイヌたちは和人に対して蜂起した。

つづいて翌年五月には、東部アイヌの首長だったコシャマインも呼応して立ち上がった。指導者を得たアイヌたちは各地の館を襲撃し始めた。勢いにのるコシャマイン軍の前に、志濃里館をはじめ道南の館は次々と陥落。健在なのは茂別《もべつ》館（下之国《しものくに》館）と花沢《はなさわ》館（上之国《かみのくに》館）のみという状況になった。

武田信広出陣

ここで話は冒頭にもどる。道南の和人たちが絶体絶命の窮地に陥ったこの場面

▼アイヌの男
『新羅之記録』原文では「乙孩」（オッガイ）とある。従来、これを少年と解釈することが多かったが、近年の研究では単に男性の意味にとるのが一般的。

鍛冶屋村でのアイヌ殺害事件
（『北海道旧纂図絵』巻1／函館市中央図書館蔵）

で登場するのが、武田信広であった。当時信広は蝦夷島に渡ってきたばかりで、花沢館に滞在していた客将に過ぎなかった。信広の上に花沢館主の蠣崎《かきざき》氏がおり、その上に松前大館の館主（安東氏の代官）がおり、さらに安東氏がいるというわけで、この時点では道南地方で特別に突出した勢力を持っていたわけではない。

さて、花沢館において武者奉行の職にあった信広は、館主である蠣崎季繁《すえしげ》とともにコシャマイン軍と戦うべく出陣した。明治十一年（一八七八）に旧松前藩士の新田千里が著した『松前家記』★は、次のようにその戦いぶりを伝えている。

まず信広は、松前の大館に向かった。館主の相原政胤《あいはらまさたね》が生け捕りになっているという報に接したからだ。信広は大館を奪還すべく、夜陰にまぎれて攻め込み、みごと相原を救出することに成功した。諸将はそこで軍議し、このまま間髪《かんぱつ》入れずにコシャマインの本陣である箱館を急襲することに一決した。まだ夜が明けぬうち、信広は五〇の兵を率いて松前を出、箱館へ向かって進撃した。

しかし、箱館は守りやすく攻めにくい堅固《けんご》な城館である。そこで、信広はコシャマイン父子《おやこ》を館内から誘い出すため、一計を案じた。館を攻め立て、攻めあぐねたふりをした上で、わざと逃げ出して追撃させるというものだ。すると、ねらいどおり、コシャマイン軍が館を出て攻撃してきたため、信広は箱館の北にあたる七重浜付近でこれを迎え撃ち、コシャマイン父子に向かいその強弓《ごうきゅう》を放って、みごと父子を討ち取ったという。盟主を失ったアイヌ勢は四散し、和人たちは戦

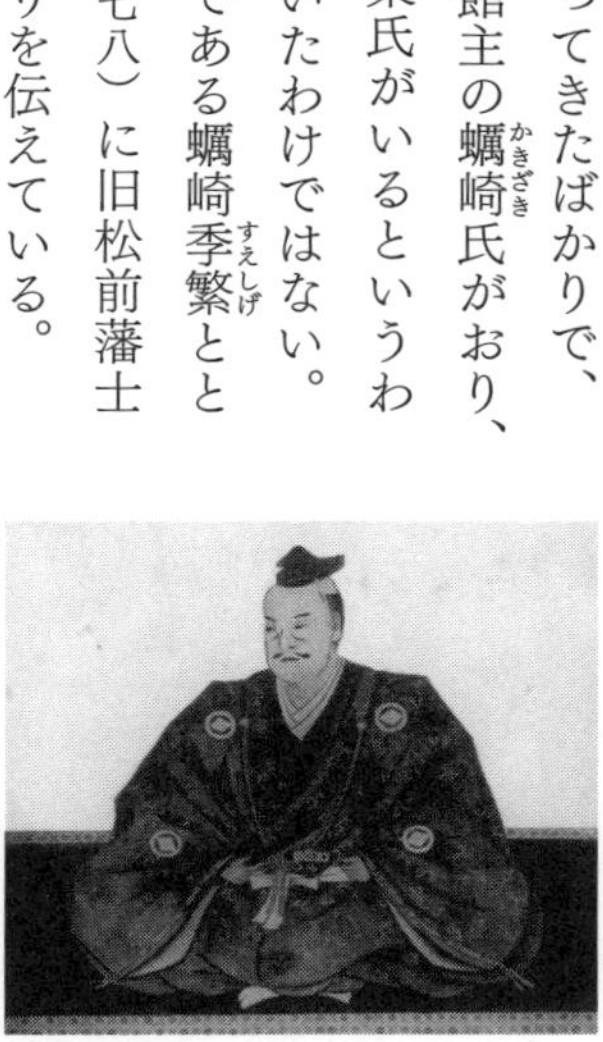
武田信広
（函館市中央図書館蔵）

▼『松前家記』
旧松前藩士で、もと正議隊士（しょうぎたいし）である新田千里が編纂した松前家の家譜。コシャマインの戦いに関する通説は、従来この『松前家記』の記事をもとに形成されてきた。著者の新田と正議隊については、第五章も参照。

勝を高らかに宣言した。康正三年（一四五七）六月二十日のことである。

『松前家記』が伝える信広の戦いぶりは、以上のとおり。もちろん、本書は戦いから四百年もの年月が過ぎた時期の著作であるため、史料としての価値は決して高くないだろう。ただし、著者が松前藩士ということで、ひょっとするとこんな〝国生み神話〟が松前家には伝わっていたのかも知れないと思い、あえて紹介してみたしだいである。

武田信広の武名は道南の和人社会に轟いたことだろう。信広の主人である花沢館主の蠣崎季繁は、その戦功を賞し、娘をめとらせて蠣崎家の跡取りとした。しかも、この女性はもともと安東師季の娘であり、蠣崎家に養女となっていた者だった。つまり、信広は花沢館主蠣崎家だけでなく、安東家とも深い関係をもつことになったのである。

たった一度の戦功で、素性もよく分からない男が一挙に立身を遂げたのだ。まさに乱世のなせるワザといえるだろう。

信広以後、蠣崎家の家督を継いだ光広《みつひろ》、そして次の義広《よしひろ》も、散発的に起こるアイヌとの戦いを優位に進めていったらしい。また、アイヌの勢の攻撃によって松前大館が陥落したことを知ると、光広は無人となっていた大館に移り、安東氏の代官である松前守護の地位を手に入れた。さらにこの間、蠣崎氏は他の館主たちをも家臣に組み込んでいった。

そして、蠣崎義広の子季広《すえひろ》は、懐柔策によってアイヌたちとの緊張関係を緩和し、ついに夷狄の商船往還の法度★という一種の「講和条約」を締結し、康正二年以来約百年の長きにわたったアイヌとの抗争に終止符を打つことに成功する。天文二十年（一五五一）のことである。

こうして蠣崎氏は、アイヌとの抗争を制し、しかも道南の和人社会の覇者となったのである。のちにその事績は伝説化され、子孫の松前家は「松前蝦夷地草創の家柄」（蝦夷島の歴史をつくった名家）とまで称されることになる。信広をはじめ藩祖たちの事績は、松前家にとって〝国生み神話〟も同然のほこるべき歴史となったのである。

▼夷狄の商船往還の法度

蠣崎季広がセタナイ（久遠郡せたな町）の首長ハシタイン、シリウチ（上磯郡知内町）の首長チコモタインと結んだ取り決め。両人をそれぞれ東西のアイヌの首長として公認し蠣崎氏が松前で徴収した交通税を彼らに配分することとした。アイヌたちにとってきわめて有利な条件である。

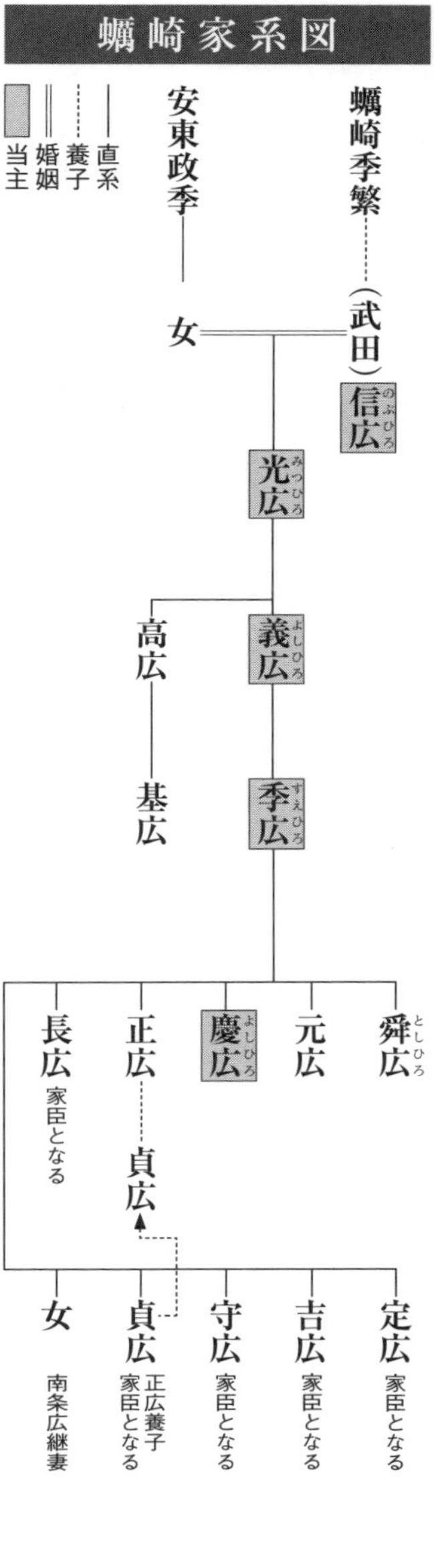

②

松前藩誕生

骨肉相食む悲劇の結果、家督を継いだ蠣崎慶広。
秀吉・家康に取り入ることで主家からの独立を果たし、一代にして立藩を成しとげる。
だが、晩年の慶広にはふたたび身内との争いが待っていた。

藩祖・慶広の登場

蠣崎季広は二六人の子をもつ子だくさんだった。うち半数の一三人が女性で、彼女たちは蠣崎家の勢力を盤石《ばんじゃく》なものとするため、旧館主一族、譜代の家臣、津軽の豪族たちのもとに嫁いでいった。このことは、蠣崎家の立場があくまで安東家の代官に過ぎなかった実態を示している。要は、蠣崎家の地位は政略結婚で地位を保たねばならぬ不安定なものだったのだ。蝦夷島の和人勢力の〝覇者〟になったとはいえ、主家から命じられれば、蠣崎氏は危険な津軽海峡を越えてわざわざ援軍を送らねばならなかった。★だが、そのような立場に安住する蠣崎氏ではない。安東家からの独立は、一族のひそかな悲願となっていた。

ところで、道南のあるじとなった蠣崎氏だが、その支配は安泰とはいえなかっ

▼**援軍を送らねばならなかった**
十六世紀なかばには、安東家は拠点を檜山（秋田県能代市）に移し、秋田方面で南部氏との戦闘を繰り返していた。安東氏からの命により、この一連の戦いには、蠣崎氏も従軍している。

た。骨肉の争いが絶えなかったのだ。蠣崎季広には男子も一三人いたが、家督を継いだのは三男だった。そのいきさつに関しては、こんな話が伝わっている。

季広は、勝山館（檜山郡上ノ国町）の城代だった南条広継《ひろつぐ》に長子として生まれた娘を嫁がせた。ところが、この娘、女の身に生まれたことを悔やむあまり、蠣崎家の家督を継ぐ野心を抱いていたという。たしかに、戦国時代は比較的女性の地位が高かった時代といわれ、女城主の例もあるが、ここまで露骨に家督への野心を抱いた女性は珍しいだろう。娘はみずからが家督を継げないとなると、こんどは夫にその望みを託そうと蠣崎本家の家督争いに介入した。そして、ついに季広の近習を抱きこみ、実の弟（季広の長男舜広《としひろ》・二男元広《もとひろ》）を毒殺してしまう。季広はやむをえず、娘を夫の南条広継ともども自害させた。★家中混乱の種だったとはいえ、実の娘を自害させるのは季広としても断腸の思いだったであろう。

こうして、季広の長男・二男が家督をめぐる骨肉の争いで世を去ったため、結果タナボタ的に三男が家督を継ぐ〝道が拓かれた〟のだ。この三男こそが蠣崎慶《よし》広《ひろ》。のちに松前藩の初代藩主となる人物である。

謀略の下剋上

このころ津軽海峡の向こうでは、全国統一への機運が高まり、応仁の乱以来の

▼南条広継ともども自害させた
あくまで妻一人が企てたことであり、広継にはかかわりがなかったといわれる。広継は身の潔白を訴えながら、自ら棺に入って自害した。上ノ国に伝わる「逆さオンコ」（根のように枝が広がった木）は、広継の棺の上に根付いた木だという伝説がある。

松前慶広公木像
（阿吽寺蔵／北海道博物館提供）

戦国動乱の終幕がせまっていた。織田信長《おだのぶなが》の地位を継承した豊臣秀吉《とよとみひでよし》は、圧倒的な軍事力とともに朝廷の伝統的権威を利用しつつ、ほぼ全国の統一を実現した。

松前にあって日本海交易を管理していた蠣崎氏は、往来する船舶からこうした中央の動向をつぶさに聞いていたことだろう。すでに季広の時代にも、信長の居城安土城に四男の正広を遣わし、よしみを通じていた。その季広のあとを継いだ慶広は、交易をつうじた情報収集に加え、時勢の洞察力、そして外交手腕を武器として、豊臣政権に対して一段と活発なロビー活動を展開していく。「秀吉に近づけば、主家を出し抜いて蝦夷島のあるじの座を手に入れることも可能ではないか」という野心が慶広を動かしたのだ。

天正十八年（一五九〇）に小田原の北条氏を滅ぼすと、秀吉は奥州にまで乗り出してきて、諸大名を支配下に入れ念願の全国統一を達成した。安東家の当主実季《さねすえ》もその際に秀吉に臣従《しんじゅう》し、本領を安堵されている。つづいて秀吉は奥州検地に着手し、検地奉行として前田利家《まえだとしいえ》・大谷吉継《おおたによしつぐ》らを各地に派遣した。

奉行らが津軽に来訪することを知った慶広はついに動き出す。松前を発《た》ち、前田利家や大谷吉継らのもとにあいさつに出向いたのだ。おそらく秀吉のもとに参上するための取り次ぎを彼らに依頼したのだろう。こうした根回しをした上で、慶広は秋田に赴き、あるじ安東実季からも秀吉のもとにあいさつに行く許可を得た。

こうして打つべき手をすべて打った上で、慶広は秋田を発った。目的は、秀吉に独立の領主として認めてもらうこと。京都に到着した慶広は、暮もせまった十二月二十九日、ついに聚楽第《じゅらくだい》で秀吉に拝謁する。あいさつもそこそこに、秀吉から求められるままに蝦夷島の状況を報告したところ、秀吉はたいそう喜び、慶広を従五位下《じゅごいのげ》に叙し、蝦夷一島の支配を認めた。この全国統一後にやっと顔を出した男に対して、秀吉の態度は意外に寛大な印象を受ける。恐らく秀吉としても、安東氏と蠣崎氏をつうじた間接支配よりも、蠣崎氏一本で要衝《ようしょう》の地を押さえる方が、都合がいいという判断だったのだろう。

こうして、蠣崎氏は安東氏の一代官の地位から天下を統一した秀吉の直臣《じきしん》となり、独立に向けて大きな一歩を踏み出した。機を読み天下人に取り入るという手段で主家安東家を出し抜き、一種の下剋上を達成したのだ。逆に安東氏としては、長年の領地であり、しかも一度は秀吉から安堵されたはずの蝦夷島を奪われてしまったことになる。まさに屈辱である。

だが、秀吉旗下《きか》に入るのはいいことばかりではない。それは同時に「際限なき軍役《ぐんやく》」とまでいわれる豊臣政権の軍役を命じられることを意味した。翌天正十九年五月、帰国後間もない慶広は、南部氏の支族九戸《くのへ》政実《まさざね》が起こした反乱の鎮圧のためさっそく出陣を命じられた。友軍のなかにはつい先日まで慶広のあるじだった安東実季もいた。「飼い犬に手をかまれた」実季としては、慶広の顔を見るなど面白いはずもないが、両者はどんな顔であいまみえたのだろうか。

この戦いの詳細は不明だが、後世の編纂物のなかには、慶広がアイヌ兵を率いて出陣したとする記述もある。たとえば、『氏郷記★』には「松前は毒矢を射させようと夷人を少々召し連れていた。彼らはみな、頭に半弓をはめ、矢は箙《えびら》に入れて背負っていた」などと記されている。慶広としては、この機会にアイヌを従えた豪族であることを諸大名にアピールするねらいがあったのかもしれない。

"しまのかみ"宛朱印状

秀吉の命《めい》で朝鮮侵略が着手されたばかりの天正二十年（一五九二）十一月、蠣崎慶広は参勤のため松前を発ち京都に向かった。しかし、秀吉は前進基地だった肥前《ひぜん》国名護屋《なごや》城（佐賀県唐津市）に滞陣中だというので、慶広は足を延ばして名護屋まで赴くことにした。つまりは蝦夷島から九州まで、当時の日本全域を縦断するような長旅を敢行《かんこう》したのだ。参勤のためとはいえ、ひと苦労である。

無事に名護屋に着いた慶広は、明けて文禄二年（一五九三）正月二日、陣中において秀吉への二度目の拝謁を果たした。朝鮮でのあいつぐ敗報に消沈していた秀吉は、「朝鮮を攻め従えようと在陣していたところへ狄《えぞ》の千島《ちしま》（蝦夷島のこと）の屋形が遠路はるばるやって来た、もはや朝鮮を手中に入れられることは疑いえ

▼『氏郷記』
会津を領した蒲生氏郷（がもううじさと）の半生を描いた軍記物。十七世紀中～後期の成立。氏郷は豊臣秀次ひきいる鎮圧軍に加わっていた。なお、同時期に成立した『三河後風土記』においては、慶広ひきいるアイヌ勢が毒矢で大活躍したという記述になっている。

まい」と大いに喜んだという。秀吉から見れば外国同然の蝦夷島のあるじの来訪を、夢に描く朝鮮国王の服属と重ね合わせ、吉兆と見た★のだろう。

しかし、せっかく遠路はるばる来たのだから、慶広としても秀吉のご機嫌とりだけで帰るわけにはいかない。慶広は、木下吉政《きのしたよしまさ》（秀吉の従弟、小出吉政のこと）を介して、秀吉に蝦夷島の支配権を認める正式な書類を求めた。秀吉旗下の諸大名は、本領安堵の朱印状★をもらっているが、慶広はまだ秀吉からそうした類のものを下されておらず、慶広の蝦夷島支配権は画龍点睛《がりょうてんせい》を欠いたままだったのだ。

上機嫌だった秀吉は、これを許可し、次のような内容の朱印状を交付した。

①各地から松前に来る者は、アイヌに対しても和人に対しても、道にはずれたことをしてはならない。

②入港税は、これまでどおり徴収すること。

③違反する者があればすみやかに誅罰する。

つまり、蠣崎氏は安東氏を介することなく、直接に統一政権から対アイヌ交易の管理を任され、徴税権をも保障されたということだ。

そればかりではない。右の朱印状には「蠣崎志摩守《しまのかみ》」と宛名があり、慶広がこの機会に志摩守★に叙任されたことが分かる。この官途《かんと》にはしまのかみ＝〝蝦夷島のあるじ〟という意味が込められているようだ。

こうして、氏素性《うじすじょう》も知れぬ武田信広という一武将に始まった蠣崎氏は、秀吉

▼吉兆と見た
あるいは、蝦夷島が朝鮮半島と陸続きの地と考えられていたので、秀吉はこれで朝鮮の背後を衝けると喜んだのだ、ともいわれている。

▼朱印状
あかい印を押した文書。後出の黒印状よりも格式は高い。

▼志摩守
本来は、朝廷が任命する志摩国（しまのくに・三重県志摩市）の国司。この時代には、すでに名目上の官職（名誉職、お飾り）であり、実際の職務とは関係ない。なお、江戸時代になると松前氏はおもに伊豆守（いずのかみ）に任じられるようになる。

をとおして朝廷から官位を賜る身となった。すなわち大名同然の扱いとなり、ついに旧主に比肩しうる地位を手にしたのだ。蠣崎氏が安東氏との主従関係から完全に脱したのも、このときのことと思われる。

慶広は、書状をもって松前にいる老父季広にこの件を報告し、また前田利家から贈られた茶を桐の箱に入れて送った。季広は大いに喜び、蠣崎一族から町人に至るまでを集め、この茶をもって大茶会《だいちゃかい》を催して、喜びを分かち合ったという。

蠣崎氏から松前氏へ

名護屋から松前に帰った慶広は、東西のアイヌの代表者を集め、朱印状の文言をアイヌ語に訳して読み聴かせた。その際、「慶広の命令に背《そむ》き、和人に対して乱暴な悪事を働いた場合、関白《かんぱく》殿は数十万の軍勢を差し遣わして、ことごとくアイヌたちを討伐せられるであろう」という一文を付け加えたという。慶広はみずからのバックに豊臣政権があることをちらつかせ、その権威を最大限に活用してアイヌたちの帰服をはかったのだ。

ところが、慶長三年（一五九八）八月、天下人秀吉は一子秀頼《ひでより》のことを案じながら生涯を閉じた。秀吉の死をもって朝鮮から兵を引いたものの、前後七年におよぶ朝鮮侵略は豊臣政権を大きく衰退させた。そして、その後天下の政治の中心は、徳川家康《とくがわいえやす》に移りつつあった。時勢眼にすぐれる慶広は、今度はたくみに家康への接近をはかることになる。

これより前にも、慶広はすでに家康に謁見したことがある。文禄二年（一五九三）正月、例の長旅を経て名護屋城に秀吉を訪ねた際、同じ城内で面会していたのだ。このとき、慶広は、みずから唐衣《サンタンチミプ》★を身にまとって、「蝦夷」の代表者という立場を演出した。案の定《あんのじょう》、家康ははじめて目にした唐衣に興味を示し、大いに珍しがったので、慶広は即座にこれを脱いで家康に献上した。もちろん、家康の歓心を買うための、計算づくの行動だったのだろう。

そして、秀吉死後の慶長四年十一月、慶広は第二子忠広《ただひろ》とともにひさびさに家康に謁見し、こんどは蝦夷島の地図と家譜★を奉って、親密な関係を構築しようとした。軍事情報である地図を差し出すのは臣従に等しい行為である。

また、蠣崎から松前へ氏《うじ》を改めたのも、この謁見のときのことだという。松前という名は、本拠地である徳山館のあった地名をとったものと考えられるが、世話になった大名松平・前田から一文字ずつとったという説もある。

なお、このとき改姓したのは蠣崎の本家のみであった。改姓によって本家の特別さをアピールし、同族内の争いを防ごうという意図があったのかも知れない。だが、そうした願いもむなしく、骨肉の争いに幕が下りることはなかった。

▼唐衣
蝦夷錦（えぞにしき）で作った服のことであろう。第二章参照。

▼家譜
家ごとの系図・略歴を記した書類。幕府は諸大名から提出された家譜を集成し、『寛永諸家系図伝（かんえいしょかけいずでん）』『寛政重修諸家譜（かんせいちょうしゅうしょかふ）』などの資料を編纂した。

松前藩誕生

慶長五年（一六〇〇）、天下分け目の戦、関ヶ原の戦いは徳川家康率いる東軍の勝利に終わった。しかし、松前慶広ははるか遠国の松前にあり、わずか一日で決着のついてしまったこの戦いに参陣することはかなわなかった。

歴史の大きな転機となったこの慶長五年は、松前藩でも大きな動きがあった年だった。六月、慶広が家督を長子盛広《もりひろ》にゆずったのである。盛広はすでに二十九歳。家督を相続してもまったく不都合はないはずだ。

ただし、この盛広の家督相続は、松前藩の記録にしか見られず、幕府には届けていないらしい。その事情はよく分からないが、いまだ領主の権力基盤が盤石でなかったため、対外折衝《せっしょう》を慶広が、領内統治を盛広が担当したとも考えられる。ともかく藩政の主導権はあいかわらず慶広が握っていたと見て間違いないだろう。

さて、慶長八年に征夷大将軍となった家康は、徳川幕府による全国支配の体制を急速に整備していった。その一環として、慶長九年正月二十七日、松前慶広にも家康の黒印状《こくいんじょう》が発せられた（やはり宛先は盛広ではなく慶広である）。その内容は、以下のとおり。

①諸国から松前に出入りする者たちが、志摩守（松前氏）に断りもなく、夷仁《えぞじん》

（アイヌ）と直《じか》に商売することは、あってはならないこと。
②志摩守に断りなく渡海し、売買する者があれば、必ず言上すべきこと。
付《つけたり》、夷《えぞ》については、どこへ行こうとも、夷次第であること。
③夷仁に対して非分の行いをすることは、堅く禁止すること。

要するに松前藩に対アイヌ交易を管掌し、アイヌへの不法行為を取り締まる権限を与える定書である。内容は、秀吉から与えられた朱印状と大差はない。ただ、対アイヌ交易を監督するという松前氏の権限がいっそう明確になり、またアイヌと和人の直売買を禁じて、事実上松前氏が交易を独占する体制を認めている。

もっとも、「付」で松前氏に対してアイヌへの支配権は認めていないことは注目すべきだ。この時代のアイヌはあくまで交易相手であって、和人の被支配民などではなかったのだ。当時、アイヌたちは津軽海峡を越えて弘前藩などとも交易を行っていたが、松前藩にそれを止める権限はなかったのである。

以後、他の大名が将軍の代替わりごとに領知判物《りょうちはんもつ》を給されるのと同様に、松前氏は右と同じ文言の黒印状を受けるのが慣例となった。ここに、徳川幕府と松前家との主従関係が形成され、松前氏は諸大名に準ずる格式で幕藩体制に組み込まれることとなった。松前藩が名実ともに誕生したのである。

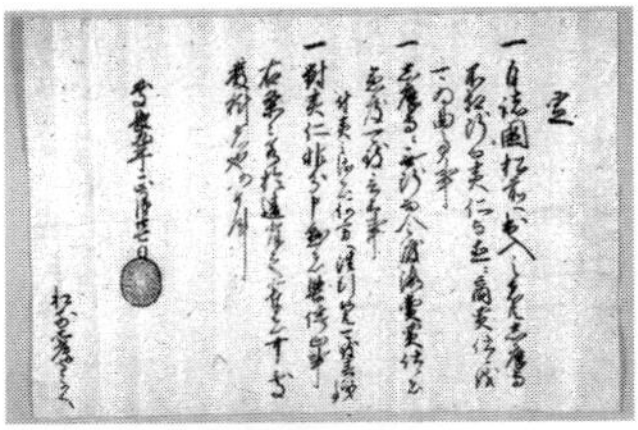
松前慶広宛徳川家康黒印状
（『蝦夷地のころ』より）

息子たちの明暗

季広の三男だった慶広が家督相続したのは、前述の骨肉の争いの結果だった。だが、因果がめぐったというべきか、その慶広も晩年は骨肉の争いを演じることになる。

内々《ないない》に慶広の家督を継いだ長男の盛広だったが、子宝にめぐまれず、彼の長男・二男は早世してしまった。そのため、盛広は弟（慶広の四男）の由広《よしひろ》を養子に迎えた。由広は人となり勇武で、歌謡や蹴鞠《けまり》が得意という多才な人物だったという。

ところが、これが最悪のタイミングだった。養子となった直後に、盛広に三男竹松丸《たけまつまる》が生まれたのだ。しかも竹松丸は立派に育ち、元服して公広《きんひろ》と名を改めた。こうなると由広は用済みである。養子を解消された上、廃嫡《はいちゃく》されてしまった。

このころ、中央では徳川家とその旧主豊臣家との緊張が高まっていた。関ヶ原の戦いには参陣かなわなかった慶広だったが、豊臣氏との戦いに参陣すれば、幕府に忠節をアピールするチャンスだ。ところが、慶長十七年（一六一二）、亡き母の冥福を祈るため高野山《こうやさん》を訪れた由広は、あろうことか豊臣家の武将大野治長《おおのはるなが》や片桐且元《かたぎりかつもと》と面会し、豊臣方に投じようと画策するようになったという。しかも、由広は自分の近臣の罪を裁いた奉行の小林良勝《こばやしよしかつ》を憎み殺害するなど、乱暴な行

松前慶広の息子たち

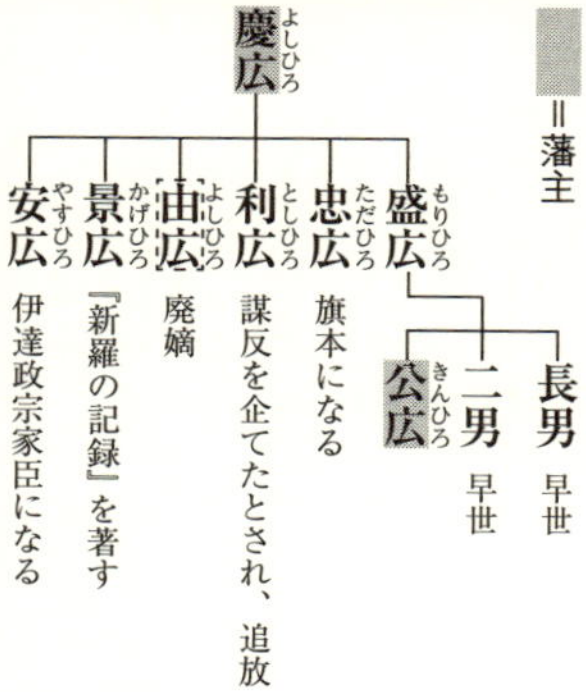

動がめだつようになった。

もはや由広を放ってはおけない。慶長十九年十二月二十六日、慶広は、涙を飲んで非情な決断をした。息子の殺害を家臣工藤佑種《すけたね》に命じたのだ。工藤はこの日の夜、主命にしたがい由広を暗殺した。伝説によれば、由広は城下の馬坂と呼ばれる坂で最期を迎えたという。享年二十一。

こうしてまたもや骨肉の争いを演じてまで旗幟《きし》を鮮明にした松前藩は、慶長二十年大坂夏の陣に参陣し、幕府方の勝利に貢献した。この戦いには、さきに二代将軍秀忠《ひでただ》の旗本となっていた慶広の二男松前忠広も幕府軍に加わっていた。しかも、忠広は二カ所の手傷を受けつつ戦功を挙げたことを賞され、加増されて二千石の旗本へと立身した。忠広以後、松前家からは何人も旗本を輩出しているが、彼らはのちに松前藩の強力な援護者となって藩を側面から支えることになる。

この戦いののち間もない元和二年（一六一六）十月十二日、松前藩の基礎を築いた慶広は没した。安東家の代官の身から、天下の動静を敏感に察知して立ち回り、ついに独立して一藩を築いた松前慶広。松前家にとっては、始祖武田信広と並んでこれほど偉大なご先祖様もいないだろう。しかし、それにしては松前家墓地のなかにある慶広の墓はいかにも地味で、後世に建てられた形式的な墓に過ぎないという指摘もある。ひょっとすると、この時代、松前ではまだ仏式の葬法は一般的でなく、墓石を建てる習慣もなかったのかも知れない。

松前由広が殺害されたという、城下の馬坂
（松前郡松前町）

法幢寺にある松前慶広の墓
（松前郡松前町）

3

異例ずくめの藩制

第二代藩主公広の時代に、藩の制度が着々と整備された。だが、石高が定められず、藩主も家臣も商売人。幕府の待遇は「賓客」扱い。松前藩は、他に例を見ないユニークな藩だった。

最北の「城」と城下町

藩祖慶広から家督相続した盛広は、慶長十三年（一六〇八）正月、慶広よりも先に三十八歳で死去している。慶広の死後、第二代藩主となったのは、盛広の子の松前公広《きんひろ》。読書を好み、歌道・医学に傾倒し、三代将軍徳川家光《いえみつ》から「田舎者には珍しいものよ」と称された文人気質の藩主だった。藩の成立に尽力した慶広につづいて、この公広が藩体制の基礎を築くことになる。

まず慶広・公広の二代にわたった事績として、居城・福山館と城下町の建設が挙げられる。かつて蠣崎光広が、永正十一年（一五一四）に上ノ国から徳山館《とくやま》（かつての松前大館を改称）に移って以来、慶広の時代にはすでに約百年を経過していた。だが、徳山館周辺の城下は小規模なものだったので、本格的な城下町建設が課題となっていたのだ。他国との交易によって成り立つ松前藩としては、何といっても商品流通の拠点となりうる商業都市が必要であり、山に囲まれた徳山館は城下の建設には不向きだったのである。

そこで慶広は、居城を海に向かって少しだけ動かすことにした。徳山館から約一キロメートル南方に隣接する福山《ふくやま》台地に新しい城館を築城することを決めたのだ。ここは、海に面した標高三、四〇メートルの小高い台地である。

築城は慶長五年に着手し、六年の歳月を経て慶長十一年八月に完成した。この新しい城館は、福山館と呼ばれる。名前が似ていてややこしいが、松前家は徳山館から福山館へと引っ越ししたわけである。

なお、江戸時代に城を称することができたのは、幕府から城持大名（おおむね三万石以上）と認められた者の大規模な城郭のみであった。松前藩は、当然城持大名ではないので、松前藩の居城の場合、外周に塀をめぐらし、その内側には土手を盛り、要所には板塀を引き回すというきわめて簡素なものだったらしい。地元では「福山城」「松前城」などとも称したようだが、このような小規模のものは公式には城と呼ばず、陣屋として扱われた。松前藩が公式に「城」を名乗れるようになるのは、二百年以上あとのことだ（第四章参照）。

さて、慶広の築城につづいて、二代公広は城下町の整備を進めた。家督相続直後の元和五年（一六一九）以後、公広は徳山館城下の建物や各寺社を福山館の城

文化年間（1804〜1818）の福山館
（「松前自沖口至奉行所図」 国立公文書館蔵）

下に移転させていく。寺院は福山館の後背部に集め、寺町とした。また、このころには、すでに田付新助《たづきしんすけ》・建部七郎右衛門《たけべしちろうえもん》★らが城下に出店し、この地と故郷近江《おうみ》とを結ぶ通商路を開いて成功をおさめている。のちに蝦夷島で活躍する近江商人の草分けである。

日本最北の城下町は、こうして徐々に形成されていった。ここ松前★こそが、江戸時代二百六十年のあいだ、北海道の政治・経済・文化の中心だった地なのである。

▼田付新助・建部七郎右衛門
彼らはもとは近江守護六角氏の家臣で、織田信長に主家をほろぼされ、商人に転じた者たちである。ちなみに、越後屋を築いた三井家の出自も同じ六角家家臣。

▼松前
この城下も福山と呼ばれたが、従来の松前という名も使用されつづけた。本書も、よく知られた松前の名で呼ぶことにしよう。

〝収入ゼロ〟の大名

家康の死後、二代将軍徳川秀忠は、元和三年（一六一七）に大名に対して領域支配権を確認する領知判物《りょうちはんもつ》を交付し、全国の土地領有者としての地位を明示した。これにより、将軍が認めるからこそ、大名の土地領有権が保障されるという論理を示したのだ。この領知判物には、原則として藩領内の生産力を米の取れ高に換算した石高《こくだか》が記載されている。江戸時代には社会を編成する重要な基盤として、石高制が採用されていたのだ。石高は、大名の格式の目安にもなり、幕府が軍役を課す際の基準にもなった。

だが松前藩にとって、これは困ったルールだった。石高とは米の取れ高である。

しかし非米作地帯の松前藩は、石高を設定することができないのだ。松前家のルーツは、館主という海商的武士であり、その経済基盤は漁業とアイヌや本州商人との交易だったので、領内で米は作っていない。第一、品種改良が進んだ現代とは違い、北国で稲など簡単には育たないのだ。ゆえに松前藩は「無高《むだか》」大名と呼ばれた。〝収入ゼロ〟の大名という意味である。

そのようなわけで、松前藩にはこの領知判物が与えられなかった。当の松前藩は、家康から与えられた例の交易独占の黒印状を領知判物に相当するものとみなしていたが、厳密にいえば幕府から蝦夷島の領域支配権を認められたわけではないのだ（のちのち問題となるので、この点を覚えておいてほしい）。

松前藩は家格の面でも特殊な扱いを受けていた。江戸時代初期には「賓客《ひんきゃく》」待遇だったのである。「賓客」大名の例は、他に五千石でありながら大名として扱われた喜連川《きつれがわ》藩★ぐらいしかなく、きわめて異例の扱いである。参勤交代に際しても、「賓客」である松前藩主は、「無高」にもかかわらず一七〇人以上の供奉を従える五万石以上の格式を与えられていた。

ちなみに、参勤交代の頻度についても、これまた特殊な扱いだった。武家諸法度によって毎年の参勤を義務付けられた多くの大名と異なり、松前藩主は三年に一度（のち五年に一度）江戸に参府すればよかった。さらに在府期間も短く、通常四カ月から五カ月だけであった。対馬《つしま》藩主宗《そう》氏と同じ扱いなので、これは遠国ゆ

▼喜連川藩
下野国（栃木県）喜連川に領地があった小藩。足利将軍家の子孫、足利国朝（くにとも）にはじまり、子孫はのちに喜連川に改姓した。石高は約五千石だったが、名家ゆえに十万石の格式を与えられた。松前藩と同様、きわめて特殊な位置づけの藩である。

えの措置であろう。

松前藩は、まことに何から何まで異例ずくめの藩だったのである。

アイヌが来る城下町

石高が設定されていないといっても、松前藩が本当に収入ゼロだったわけではない。松前藩は、従来どおり交易に財源を求めていた。おもな交易相手は、やはりアイヌたちである。

松前藩とアイヌとの組織的な交易は、城下松前で行われた。松前に近い地域のアイヌ首長たちが城下まで交易品を船で運送して来て、物々交換の交易を行うのだ。この交易はウイマムというアイヌの交易形態にもとづいていた。具体的には、七月から八月にかけてアイヌ首長を城下に参勤させ、干鮭《からさけ》や鹿・熊の毛皮、貴重品のラッコの毛皮や鷹★などを持参させる。これに対し、正装した藩主が対面し、返礼のかたちで米などの珍しい土産を与えて帰すのである。

さて、アイヌから得た商品を、こんどは本州向けに移出する必要がある。ここで登場するのが、近江商人と呼ばれる人々だ。近江商人は昆布・干鮭などの蝦夷地産品を上方市場へ運んで売りさばき、上方からは衣類をはじめ、あらゆる生活必需物資を仕入れては松前に持ち込むことで、莫大な利益を得ていた。

▼鷹
実際には、ロシアから飛来するオオワシだったらしい。

ただし、江戸時代初期の時点では、アイヌの交易船も津軽海峡を自由に往来しており、アイヌと和人はビジネス上の競争相手でもあった。この時期には恐らく北日本の各地で和人とアイヌとの交易も活発に行われていたことだろう。将軍から与えられた黒印状は、和人が松前氏の許可なしにアイヌと交易することを禁じていたものの、アイヌの行動をしばるものではなかった。まだまだ万事中世以来の慣例や習慣がのこり、藩の統制が厳しくない時代だったのである。

時代に逆行する新制度

ところが、まもなく城下交易は廃止せざるを得なくなってしまう。その事情を知る手がかりは、松前藩が寛永期（一六二四〜一六四四）に蝦夷島をアイヌの領域である蝦夷地（蝦夷島の大部分と周辺の島々）と、松前藩の城地である和人地（道南部）の二つに分割していることにある（次節参照）。恐らくこれは、幕府がアイヌの交易者たちを城下に迎え入れる松前藩の交易方法を問題視したため、必要になった措置なのだろう。ウイマムからも交易の要素が排され、単なるアイヌ首長の藩主に対する謁見行事に転化していった（第二章参照）。

そこで、松前藩は城下交易に代わる交易の方式を採用した。これは、蝦夷地に所在するアイヌ集落を商場《あきないば》（「場所」ともいう）という交易拠点として設定し、そこでアイヌと交易する権限を上級藩士たちへ知行《ちぎょう》として与えるというものである。これを商場知行制と呼んでいる。藩が一括で交易する方式ではないので、交易にかかる諸経費を上級藩士たちに負担してもらえるというメリットもあっただろう。

こうして生まれた商場知行制は、これまた松前藩の特殊な藩体制を特徴づけるものとなった。そもそも、寛永期といえば、多くの藩では藩主がしだいに領内への支配権を浸透させ、知行地をもつ重臣も城下町に集住させ、役職につけて官僚化し、藩政を分担させていく時期である。家臣たちを土地から切り離すことで、藩主に対抗する力を削ぎ取り、各藩で藩権力が確立していったのだ。ところが、松前藩は逆に有力家臣に知行地の支給を始めたわけである。商場知行制の採用によって、幕府からはにらまれずに済むようになったものの、他方ではこれが重臣たちの経済的な自立につながり、やがて藩政の混迷につながることになる。

ここで商場での交易の様子を見ておこう。商場の知行主となった重臣たちは、夏期に藩の許可を得て商船を仕立て、アイヌたちの欲しがる品を満積して松前を出港し、商場に設定されたアイヌの集落に直航する。商船は、米・酒・麴・塩・たばこ・各種鉄製品といったアイヌ社会ではなかなか生産できない生活必需品を積んでいく。なかでも、酒はカムイノミをはじめとする儀式に必要なものであり、しかも依存性があるので、アイヌたちにとって特別に重要な輸入品だった。

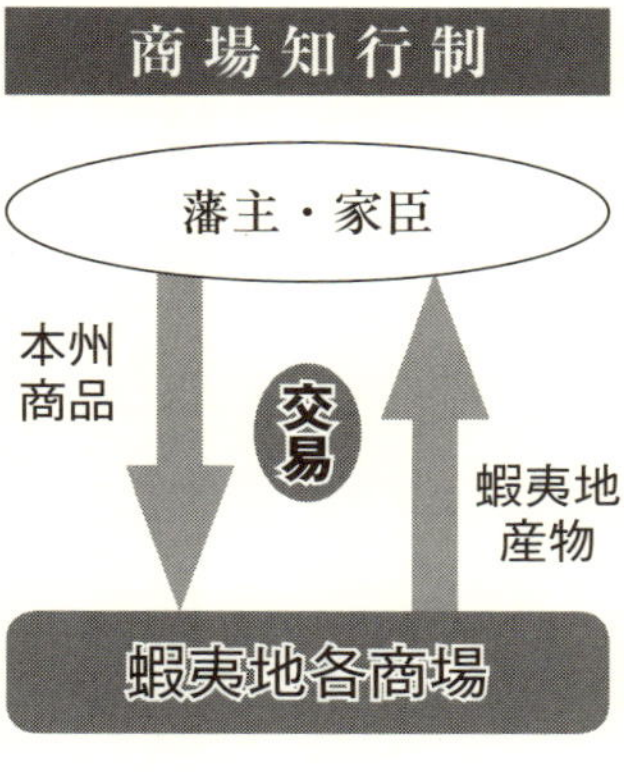

そして、現地でアイヌたちと交換して持ち帰る品々としては、干鮭《からさけ》・ニシン・数の子・干しアワビ・鷹の羽・アザラシ・熊皮《くまがわ》・魚油《ぎょゆ》・ラッコ皮・昆布などがあった。なかでも重視されたのは干鮭である。つまり和人は鮭を、アイヌは酒をほしがったのだ。また、鷹の羽は矢羽《やばね》に用いるもの、アザラシやラッコといった水族館の人気者たちは、江戸時代の人々にとっては貴重な薬種・毛皮だった。

こうして交易で得た産物を松前に持ち帰って商人へ売ることにより、重臣たちは生活の資《かて》を得ることになるのだ。つまりは給与額が決まっておらず、藩士たちも収益を上げるためには各自がもうけるための努力をせねばならないのだ。

もっとも、商場を拝領できたのは家老級の重臣たちのみで、彼らは場所持《もち》と呼ばれた。場所持以外の下級藩士たちは、他藩の藩士と同様、藩主から扶持米《ふちまい》（本州からもたらされた）を支給された。下級藩士のなかには、藩主直轄領に向かう商船の監督をし、そこでのアイヌとの交易収入に応じて賞与を得る者もあった。

藩主も〝殿さま商売〟

ところで、藩主の収入はというと、蝦夷地のなかでも石狩《いしかり》川や尻別《しべつ》川のように鮭が大量に遡上する場所は藩が直接経営して直領地としていたので、そこでの交易による収入があった。また、前代以来の入港税、和人地内の漁民から徴収する

アイヌと和人のおもな交易品

〔アイヌ民族の産物〕	〔和人の産物〕
ラッコ皮１枚（上等品）	米60（８升入）　糀６俵（８升入）
	酒２樽（５升入）　たばこ２把
	きせる２本
アザラシ皮１枚（上等品）	たばこ１把　まきり１丁
鹿皮１枚	米１升５合またはたばこ２把
熊皮１枚	たばこ２把　きせる１本
鷹羽（真羽）	米60俵　糀６俵
	酒１樽
魚油１樽（２斗入）	米２俵半
剪海鼠	数100につき米２升くらい
アツシ１反	たばこ１把

（天明６年〈1786〉、クナシリ、アッケシ、キイタップの例『蝦夷地のころ』より）

現物税や、鷹場や金山からの収入もあった（金山については次節で紹介する）。鷹場とは、その名のとおり鷹をとらえるための場所である。

捕獲した鷹は、参勤交代に際して、藩主から将軍に献上されることもあった。将軍愛用となる鷹は丁重《ていちょう》に扱われ、道中も駕籠《かご》に載せ、行列を組んで江戸へ上るという厚遇ぶり。しかも、この鷹が宿場《しゅくば》に泊まる場合には、宿場役人が鷹のエサとして雀二〇羽以上、あるいは犬（！）を用意することが義務付けられていた。もちろん鷹は献上するばかりでなく、売却されることもあり、その収入は年一〇〇〇両から二〇〇〇両に及び、藩財政の一〇分の一をまかなうほどだったという。

このように、松前藩は財政面についても、領地が非米作地帯であることに大きく規定されていたといえるだろう。石高制を施行できず、また蝦夷地というアイヌの領域との窓口の役を担ったことで、松前藩は家臣団編制や地域支配の面で特殊な統治体制を行うことになった。のちに「士商兼帯《ししょうけんたい》」（武士と商人を兼ねている）といわれたゆえんである。兵農分離・兵商分離が実施され、職業が身分を兼ねている江戸時代においては、きわめて異例の制度だった。

鷹を飼うアイヌ
（『幕末期モロラン風物図』北海道大学附属図書館蔵）

④ 和人地の形成

津軽海峡の北は日本に属さぬ「異域」――。これが中世の常識だった。だが、松前藩の誕生は、日本人の地理認識を大きく変えていく。蝦夷島の南部に、日本最北の地が誕生する。

「松前は日本ではない」

正保元年（一六四四）、全国の諸藩は幕命により藩領内の実測地図を作製し、幕府に提出した。幕府はこれらの国絵図を合体させて、「正保日本図」を作成した。実測にもとづくだけに、全体としては驚くほど精緻《せいち》な日本地図である。

ところが、そのなかにきわだって不正確な部分がある。ほかでもない、松前藩が作成した蝦夷島周辺の地図である。さすがに城下のある道南や地名については正確なものの、全体としては本物の北海道と似ても似つかないといっていい。カラフトや千島列島も正確とはほど遠く、これらの島々は、話に聞いた情報のみで描かれたものと思われる。実はここだけが、測量せずに作成したものなのだ。田地がなく検地の必要のない蝦夷島では、測量術も十分に発達していなかっただろ

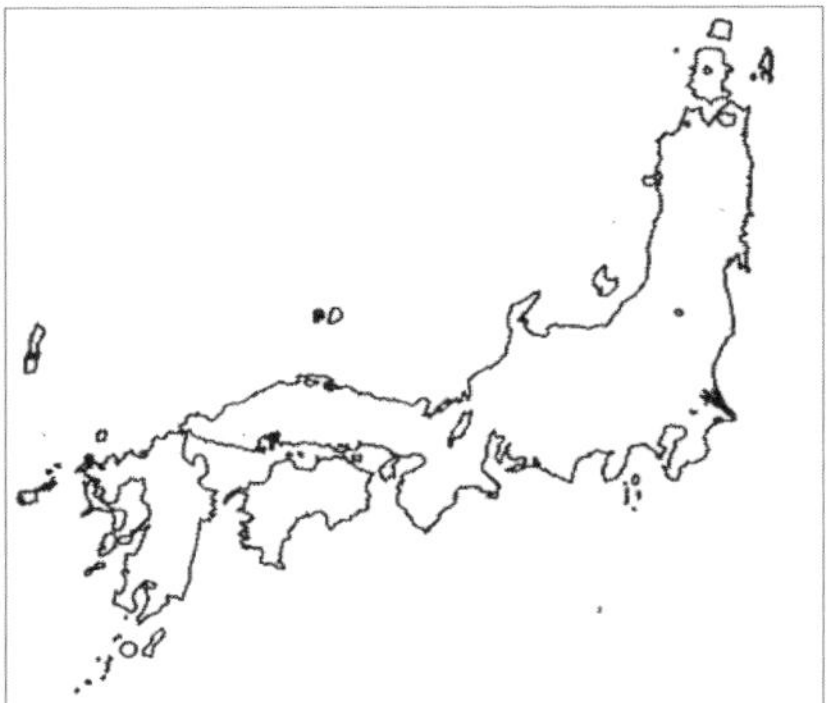
「正保日本図」の海岸線

うし、周辺の海域は季節風や濃霧、複雑な海流が行く手をはばむ航海の難所なのだから、無理もない。要するに、松前藩は蝦夷島の地理を正確には把握していなかったのである。

地理があいまいなところは、位置づけもあいまいになる。松前藩は蝦夷島周辺の広大な土地を国絵図に描いたものの、これは公式に認められた藩領ではない。津軽海峡が伝統的に日本の境界だったくらいだから、松前が日本国内に属しているのかさえも怪しいのだ。第一、家康と謁見する際に慶広が唐衣をまとったり、また九戸《くのへ》政実《まさざね》の乱に際してアイヌたちを動員したりするなど、松前藩も日本の領域外の存在として自らをアピールしていた節がある。

きわめつけは、二代藩主松前公広が元和四年（一六一八）に松前を訪れたイエズス会宣教師ジロラモ゠デ゠アンジェリスに関して述べたコメントである。なんと公広は、「パードレ（神父）が松前に見えることは差支えない。なぜなら天下★がパードレを日本から追放したけれども、松前は日本ではないのです」と発言したというのだ。この時期すでに徳川幕府はキリスト教禁止を打ち出し、宣教師を国外追放に処していた。ところが、公広はパードレが松前に渡来し、松前で布教活動を展開することも問題ないと伝えた。「松前は日本ではない」のだから。

和人がどんどん道南に渡来し、何となく蝦夷島も日本の領域とみなされつつあったが、人々の地理認識が変わるには時間がかかるもの。江戸時代初期の松前は、

▼天下
大御所徳川家康のことだろう。

日本のようでもあるし異国のようでもある、グレーゾーンだったのである。

海禁体制と〝外交請負〟の藩

もっとも、国境があいまいなのは、松前に限ったことではない。日本人は十七世紀初頭まで活発な海外貿易を行っていたが、中央政府による強力な国境管理は存在しなかった。東南アジアに「日本町」が形成される一方、日本列島にも異国人がどんどん移り住み、日本全体が諸民族雑居の状態だったほどだ。

だが、徳川幕府という統一権力が登場すると、こうした状況を放置してはおかなかった。当時、幕府は国際紛争を防止し、かつ紛争が起こった際の幕府法の適用範囲を決める必要にせまられていた。また、幕藩体制に相反するキリスト教が広がることや、対外貿易によって諸大名の富強化を防ぐことも幕府の懸案《けんあん》だった。そこで、幕府はしだいに国境を画定し、特にキリスト教禁止の観点から、人々の出入りと貿易に統制を加えていった。これがいわゆる「鎖国」の成立である。

もっとも、幕府は無許可の私的な海外渡航を禁止しただけであり、国を閉ざすことをめざしたわけでも、海外に行くことを全面的に禁止したわけでもない。当時、明《ミン》をはじめ東アジアの国々は同様の体制を布いており、これを海禁体制と称していた。以上のことから、本書でも「鎖国」ではなく海禁と呼ぶことにしよう。

海禁体制の実現のため、幕府は外部世界との交流の窓口を「四つの口」に編成した。「四つの口」とは、長崎（対中国人・オランダ人）・対馬（対朝鮮）・薩摩《さつま》（対琉球《りゅうきゅう》）、そして松前（対アイヌ）という窓口である。「四つの口」のうち、徳川幕府が直接管理したのは長崎のみであり、他の三つの「口」は、中世以来国境機能を担い、外部世界との窓口となってきた対馬の宗氏、薩摩の島津氏、松前の松前氏に委任した。これら三藩は、〝外交請負《うけおい》〟の藩とでも表現できるだろう。松前藩もまた、そうした藩のひとつと位置づけられたのだ。

海禁の整備と同時に、幕府は自己を中心とする小世界の一員として周辺諸国・民族を位置づけていった。琉球や朝鮮の使節を将軍のもとにあいさつに来させたことなどは分かりやすい例で、周辺国を「属国」として演出したのだ。松前藩にも、対アイヌ交易の独占を認められたのと同時に、幕府中心の小世界の一員としてアイヌ社会をつなぎとめ、保護し、服属させる役割が与えられていた。

引き直された境界線

海禁体制が整備され、松前藩の位置づけが明確化してくると、いよいよ従来のグレーゾーン的な藩のあり方は維持できなくなってきた。幕府外交の基本方針のひとつは、外国人は隔離して管理下に置くということだ（長崎の出島《でじま》もそうした例

▼巡見使
諸藩の領内を監察するために派遣される使節。寛永十年にはじまり、以後おおむね将軍の代替わりに際して派遣された。巡見使が悪政を報告したことにより、改易されてしまう大名もあった。

である）。アイヌと比較的自由に往来・混住していた松前藩も、外の世界との窓口である和人の領域と、外の世界であるアイヌの領域とを区分し、その出入りを取り締まらねばならない。折しも、寛永十年（一六三三）には幕府の巡見使★が蝦夷島に渡来する。それに合わせてこの区分を定める必要にせまられた。

そこで、松前藩は、和人が多く住む渡島半島南部に線引きし、独自に藩の領域を設定することにした。これが和人地（松前地・人間地・シャモ地ともいう）である。その東端は亀田（函館市）、西端は熊石《くまいし》（二海郡八雲町）とし、関所と番所を設けて人々の往来を取り締まった。その外側は、アイヌの世界である蝦夷地とした。

松前藩は蝦夷地も領内だと主張することがあったが、あくまで本領は和人地のみである。たとえば、享保の幕政改革以後、幕府は各藩

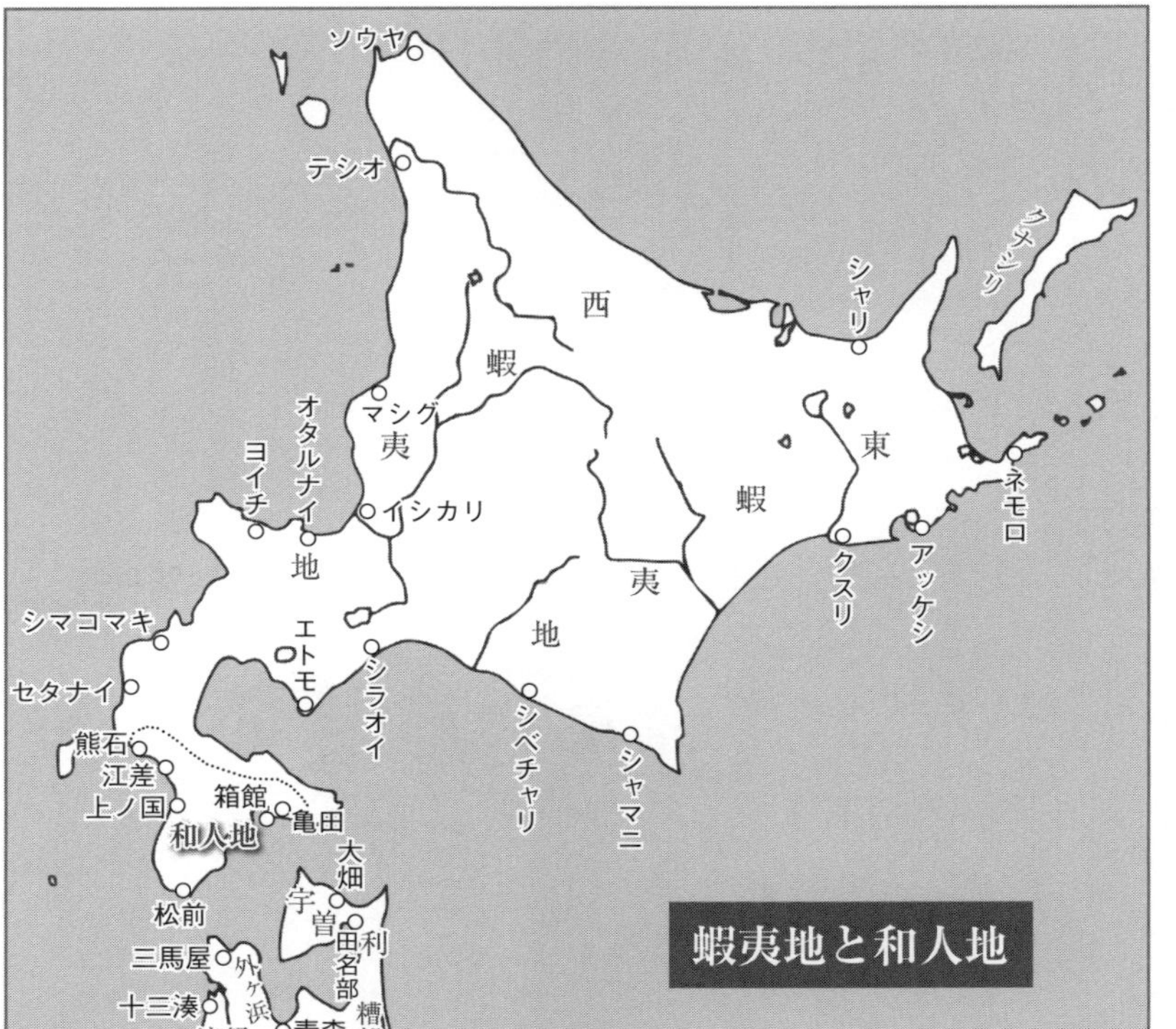

の人口を六年ごとに報告させるかたちで全国の人口調査を実施しているが、松前藩が報告したのは和人地内の和人のみで、蝦夷地のアイヌ人口は数えていない。また、和人地内では自治的な城下町・村落が発達し、藩によって人別帳《にんべっちょう》が作成されて戸口《ここう》が掌握され、課税の対象となるなど、基本的に本州以南と同様の原理にもとづく支配体制がしかれた。一方、蝦夷地にはこうした制度は適用されなかったのである。

日本になった松前

松前藩の成立と和人地の形成によって、人々の松前を見る目は大きく変化した。そのことを示すエピソードをふたつ紹介しよう。

ひとつめは、京都の公家と松前藩とのかかわりである。左大臣花山院定熙《かざんいんさだひろ》の二男、花山院忠長《ただなが》が流罪となって松前に流来したのは、慶長十四年（一六〇九）のことである。きっかけは、忠長が公家衆六人とともに、後陽成《ごようぜい》天皇の女官らと前年来密会し、遊興にふけったとのうわさが、天皇の逆鱗に触れたことだった。天皇に処断を求められた幕府は、同年七月、忠長に松前への流罪を言い渡した。ときに忠長二十二歳。鬼が住む異界とみなされていた蝦夷島の地を、公家が踏むなど前代未聞のできごとである。

亀田に置かれた番所
（『蝦夷島奇観』附録并増補　函館市中央図書館蔵）

ところが、初代藩主慶広は、忠長を客として迎え、梅見の宴《うたげ》をもよおすなど身分相応に厚遇した。慶長十九年、忠長は罪一等を減じられて津軽へ流刑替となり松前を去ったが、流刑中に受けた厚遇を忘れなかった。その結果、彼の肝いりによって、二代藩主公広は大納言大炊御門資賢《おおいみかどすけかた》の娘桂姫を迎えることになったのだ。これを皮切りに、松前氏と京都公家との婚姻は慣例化し、歴代の藩主一四人のうち公家からの正室《せいしつ》を迎えた者が五人もいる。諸大名のなかにも公家との姻戚関係を有するところはあるが、松前藩のような小藩としては異例のことである。

中世にはケガれた異界とみなされていた蝦夷島へ、最も清浄とされた京都から公家が輿《こし》入れするようになるとは、まことに劇的な変化である。これも松前藩の成立によって、松前が日本の一部とみなされるようになった結果なのだろう。

もうひとつエピソードを紹介しよう。和人地の形成によって、松前が日本の一部に組み込まれていくと、当然ながら幕府法も適用せねばならなくなる。たとえば、キリスト教の禁圧である。

慶長九年に千軒《せんげん》金山（松前郡松前町・上ノ国町の境界にある大千軒岳《だいせんげんだけ》周辺）が発見されると、これを目当てに本州から砂金掘が続々と渡来した。そのなかには幕府の禁教政策の目を逃れたキリシタンや、ときには外国人宣教師までもがまぎれていた。山の奥深くに位置する金山は、キリシタンの絶好の潜伏場所であり、千軒金山には仮設の教会堂まで設けられていたという。

大千軒岳に立つ十字架の慰霊碑（『えぞキリシタン』より）

公広が示した例の「松前は日本ではない」という理屈で、松前藩はキリシタン黙認の姿勢を取りつづけた。砂金収入は藩財政の要《かなめ》であり、藩としても砂金掘に交じって渡来してくるキリシタンを止めることができなかったのだろう。また、宣教師アンジェリスは松前藩にキリシタンびいきの「乙名《おとな》」(重臣)がいたことを伝えているし、松前家墓所のなかにもキリシタンの墓★とされているものがある。つまりは松前一門にキリシタンがおり、彼らが禁教に抵抗した可能性も否定できない。

だが、島原の乱直後の寛永十六年(一六三九)、江戸参勤から帰国する際に、公広は幕府からキリシタン取り締まりについて厳重に注意されてしまう。藩内事情が幕府に筒抜けとなると、もはやキリシタンを黙認するのも限界だった。

ついにこの年八月、松前藩は砂金掘のなかに紛れている信徒たちの逮捕・処刑に踏み切った。まず大沢金山で男女の宗徒五〇名を捕えて打ち首にし、ここから逃れた者六名を比石《ひいし》(上ノ国町)で処刑した。さらに、信徒たちの本拠地というべき千軒金山を襲撃し、やはり五〇名の信徒を探し出して逮捕し、打ち首に処した。一挙に一〇六名ものキリシタンを処刑★したのであり、急激な方針転換だった。

こうして松前藩もキリシタン禁制という幕府法を受け入れたのだ。

公広が「松前は日本ではない」と発言してからわずか二十年。しかし、その間に幕府の全国支配は確立し、松前の地もその支配下にはいったのである。

▼キリシタンの墓
アルファベットとおぼしき文字が刻まれた墓や、戒名のみしか伝わらない墓があり、キリシタンの墓ではないかという説がある。

▼キリシタンを処刑
もっとも、逃亡した六名はともかく、大沢・千軒の両金山で五〇名ずつ処刑という切れのよすぎる数字は気になる。恐らくキリシタンの一部のみを捕らえ、見せしめとして斬首したのだろう。また、処刑者がみな金山の砂金掘であるのは、他国者を処刑して実績を作り、領内に多く住んでいるキリシタンをかばったとも考えられる。

第二章 藩政の混迷と改革

——十七世紀後期〜十八世紀中期

蝦夷地支配の強化に成功するも、藩政は混迷。「名君」松前邦広が改革に乗り出した。

1 先住民の天地

蝦夷地は、松前藩の支配が及ばぬアイヌの世界。
「狩猟民族」といわれるアイヌだが、広大な世界を行き来する交易民でもあった。
松前藩の財政も、アイヌとの交易だのみだった。

蝦夷地とアイヌ社会

松前藩は、藩領として道南に和人地を設定したが、その向こうに広がる世界は周辺の島々まで含めて蝦夷地と呼んだ。近世の記録において「蝦夷」と表現される人々はほぼアイヌであり、蝦夷地はアイヌの住む地という意味である。

たびたび言及してきたが、アイヌとは日本列島の北部に先住してきた、独自の言語と文化をもつ民族である。蝦夷地は漠然とした地理概念だったものの、おおむねアイヌの住む地域★と重なっている。すなわち、蝦夷島の大部分のほか、クナシリ・エトロフ・カラフトといった諸島までを含む広大な領域である。おおまかな行政区画としては、和人地の東の境界である亀田の向こう側を東蝦夷地といい、西の境界である熊石の向こう側を西蝦夷地と呼んだ。だいたい蝦夷島の太平洋側

▼**アイヌの住む地域**
厳密にいうと、江戸時代のアイヌ集落は青森県域にもあった。本州北端の下北半島・津軽半島（盛岡・弘前両藩の領地）にアイヌの集落があったことが知られている。これについて、吉田松陰も『東北遊日記』で言及している。

が東蝦夷地、日本海・オホーツク海側が西蝦夷地ということになる。

アイヌは基本的に自然のめぐみに依存した生活形態を送り、日常生活に必要な素材の大部分を漁労、狩猟、植物採集という手段でみずから得てきた。しかし、自給自足の採集経済のみではなく、製鉄や農耕も一部行っていたことが知られている。

また、広大な領域に住むアイヌは、各地で活発な交易活動を展開し、これに対応し得る大量の商品生産を組織的に行っていた。松前藩と交易するばかりではない。シャクシャインの戦い（次節参照）以前は交易のために津軽海峡を越えて東北地方にも来航していたし、間宮海峡を越えてはるばる大陸とも行き来していた。もともとアイヌは交易に重きを置いた民族だったのである。

ところで、そもそも「蝦夷（エミシ／エゾ）」とは古代以来、日本の外にあって日本が服従させるべき対象に付した呼称だった。和人の側から見れば、江戸時代の蝦夷地も琉球とならんで「属国」のような扱いであり、日本の国外でありながら日本を中心とした小世界の一員に位置づけられていた。

もっとも、これはあくまで幕府・松前藩からの認識に過ぎない。視野を拡大すると、アイヌが各地の先住民集団と行う交易は、中国からシベリアを経て北アメリカ大陸までに至る北太平洋先住民の広大な交易網の一部を構成するものであることに気づく。こうした視点に立つと、松前藩も数多いアイヌの交易相手のひとつとして、この北太平洋地域に現れた〝新参者〟に過ぎず、アイヌたち自身は日本の「属国」の住民などという自覚はなかったことだろう。

北をはしる絹と毛皮の道

アイヌのかかわる交易といえば、山丹《さんたん》交易がある。山丹交易とは、清《シン》朝と松前藩とを両端とし、アムール川下流域（山丹地）からカラフトを経て、蝦夷地へとつづく交易ルートである。このルートでもたらされる商品のうち、特に蝦夷錦という絹織物が有名なので、〝北のシルクロード〟などとも称される。カラフトから伝えられ松前家の家宝となった銅雀台瓦硯や、初代藩主慶広が家康に拝謁した際に着ていた唐衣なども、山丹交易ルートで入手した中国製品と考えられるので、かなり古くから存在した交易ルートなのだろう。

大陸を広く支配した清は、はやくからアムール川下流域に役人を派遣し、その地方の住民（山丹人）★と朝貢貿易★を行っていた。山丹人が清の役人の求めに応じて朝貢すると、装身用の玉《ぎょく》、中国製の衣服や布地などが下賜される。また、アムール地方の交易市場で官服・錦織物・玉などの中国品を得ることもある。こうして商品を得た山丹人は、交易の旅に出てこれらを売りさばくのである。

山丹人の旅の目的地のひとつが、間宮海峡を越えた先にあるカラフトであった。

間宮海峡（ロシア連邦プイル村より撮影。奥がカラフト）

▼山丹人
おもにアムール川流域に居住していた先住民集団で、現在のウリチ（ツングース系）の祖先にあたる人々がその中心。清朝に朝貢し、下賜された品をもって各地で交易を展開した。江戸時代の日本では山丹人・山靼人・山旦人などと表記された。

▼朝貢貿易
周辺国の君主が中国皇帝の臣下となり、貢物を献上することにより、その返礼として商品を獲得する貿易。山丹交易の場合、清の役人がアムール地方に出張してきて、そこで貿易が行われた。このとき下賜された品々を山丹人がアイヌにもたらすことになる。

商品を携えてカラフトに着くと、山丹人は同島の各地でカラフトアイヌやヲロッコ人★と交易する。山丹人の目当ては、テン・カワウソ・狐などの毛皮や、日本の鉄製品（鍋・針・斧など）・酒・米・煙草であり、これらをアイヌやヲロッコ人との交易により獲得するのである。

アイヌやヲロッコ人が山丹人から獲得した中国製品の官服の一部や錦は、松前藩をつうじて日本社会にもたらされ、蝦夷錦とよばれて珍重された。というのも、中国製品とはいえ、清朝の家臣しか手にできない物なので、長崎貿易ルートでは入手できない物だったのだ。現在でも、京都・祇園祭《ぎおんまつり》の山鉾《やまほこ》のなかには、蝦夷錦で飾ったものが見受けられるし、僧侶の袈裟や敷物として利用されたものも伝わっている。

一方、山丹交易と同様に、千島列島においても島づたいに先住民の交易ルートが延びていた。かつて松前氏の旧主安東氏も、室町幕府にラッコ皮を献上したことがあった（第一章第一節参照）。古くからアイヌたちの交易ルートが千島列島から渡島半島までをつないでいたのだろう。特にウルップ島は、ラッコの産地として知られ、江戸時代にはその名も「ラッコ島《じま》」と呼ばれていた。

ただし、日本が江戸時代を迎える時期には、カムチャツカ先住民の影響を受けたウルップ島以北と、蝦夷島との関係が深い南千島（エトロフ・クナシリ両島）では、同じアイヌでも生活様式や言語にかなりの相違が生まれていた。江戸時代の

▼ヲロッコ人
おもにカラフト南部に居住していた先住民集団で、現在のウイルタ（ツングース系）の祖先にあたる人々。トナカイを飼養することで知られた。日露戦争後は日本領の住民になり、当時は「オロッコ」と表記された。

毛皮と衣服を交易する山丹人
（『東韃地方紀行』中巻／国立公文書館蔵）

日本の記録においても、北千島居住のアイヌのことを蝦夷とは呼ばず「ラソワ人」★と呼んでいる。やはり蝦夷島のアイヌとは異なる集団とみなされていたのだろう。

このように、清朝に属する山丹人やヲロッコ人、北千島のラソワ人は外国人とみなされていたので、松前藩が彼らと勝手に直接に取り引きすると、海禁体制に反した密貿易とみなされる恐れがある。そこで、松前藩は彼らと直接交易はせず、常に蝦夷島のアイヌたちをはさんだ中継交易によって彼らの品々を入手していた。

だが、こうした自由な先住民の暮らしは、長くはつづかなかった。やがて和人が、そしてロシア人が

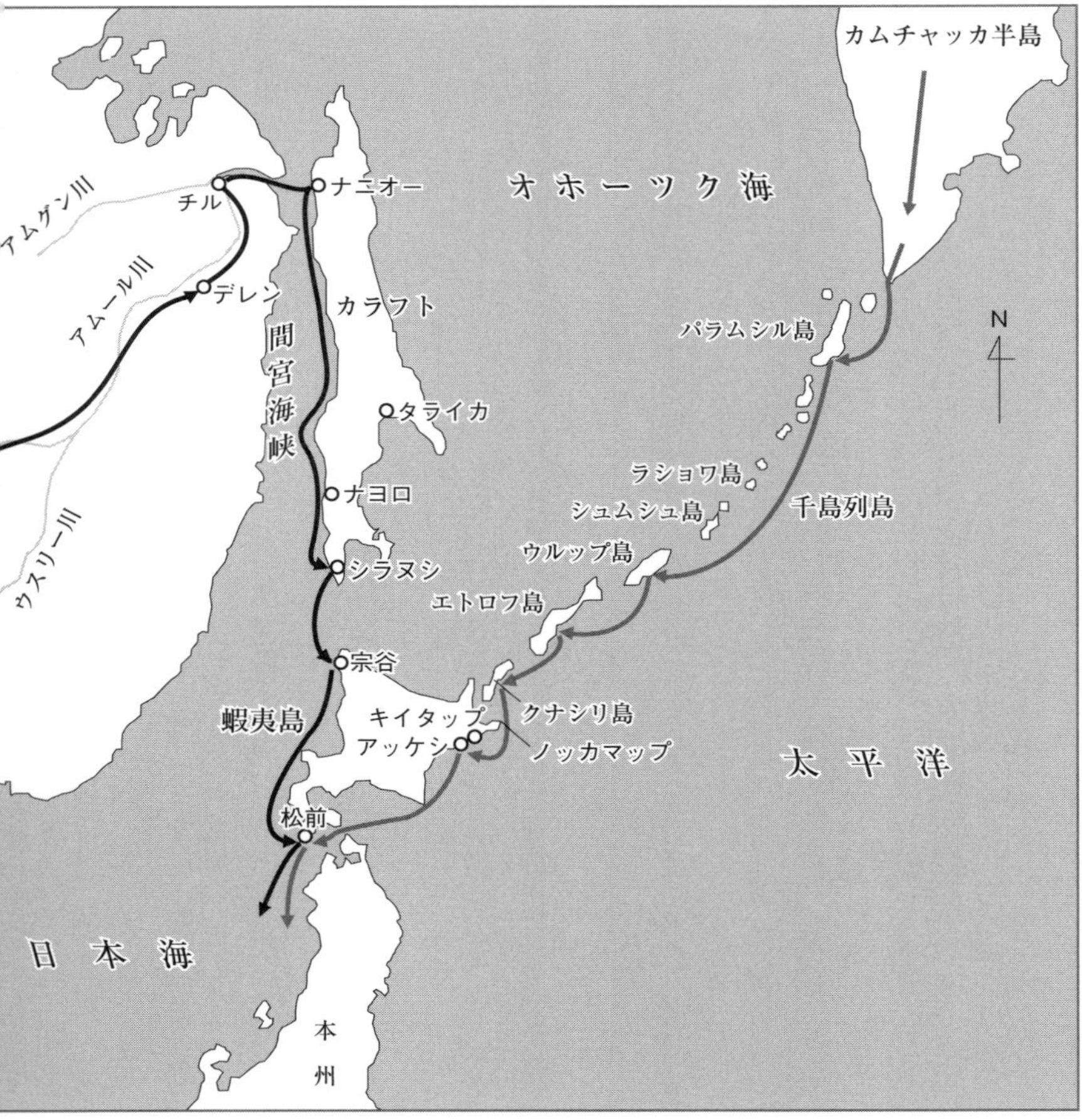

この地域に進出し、彼らの居住地に勝手に国境線を引いていくことになるのだ。松前藩も徐々にそうした「侵略」の先兵としての役割を果たすことになる。

▼ラソワ人
江戸時代における千島列島北部居住のアイヌを指す呼称。ラショワ島の名に由来。もとは北海道から移住した人々の子孫だが、ロシア正教徒になっている者も多く、江戸時代の日本では異国人として扱われた。

2 シャクシャインの戦い

天災と人災が、蝦夷地のアイヌ社会に降りかかった。松前藩の蝦夷地支配に憤るシャクシャインの軍勢は、松前をめざして進撃。ついに両者は、国縫川で決戦となる。

ふりかかる人災、天災

歴代の徳川将軍が松前藩主に与えた黒印状には、「夷《アイヌ》については、どこへ行こうとも、夷次第であること」という文言が入っていた。松前藩はこの文言に従い、アイヌに対する直接統治を避けて不干渉を貫き、基本的に交易相手として接した。そのため松前藩は蝦夷地に住むアイヌの正確な戸数も把握しておらず、課税の対象とすることもなかったのである。

松前藩は、藩主も藩士も商場での対アイヌ交易をおもな収入源に位置づけていた。ところが、アイヌが文字を持たず、計数観念も希薄だったことにつけこみ、松前藩は寛文年間（一六六一～一六七三）に米と干鮭との交易交換比率の一方的な変更★を行った。また、アイヌからの強制的な諸品の買い上げ、それにともなう人身拘束などの無理非道も行われたようだ。

一方、蝦夷地では和人による産業開発も進められていた。漁業従事者も進出し、十七世紀の後半には大網で鮭漁を行う者も現れた。和人たちの鮭漁は、河口近くで鮭をとるものだったが、これに対してアイヌ社会の鮭漁は川をかなりさかのぼってから漁獲する方法。つまり、下流の和人鮭漁が上流のアイヌ鮭漁を妨げるかたちになっていたことになる。

このように、和人からの社会的・経済的圧迫によって、アイヌは本来の生活形態を破壊され、食糧事情が急速に悪化しつつあった。

もっとも、松前藩の蝦夷地支配はまだまだ脆弱《ぜいじゃく》であり、アイヌ社会全体が危機的状況に陥るほど和人の圧力は強くなかったであろう。問題は、こうした人災のみならず、天災までもが加わったところにあった。十七世紀なかばのこの時期、北海道は大地動乱の時代を迎えようとしていたのだ。

たとえば、寛永十七年（一六四〇）六月十三日には駒ヶ岳《こまがたけ》が爆発して大津波をおこし、沿岸部にいたアイヌ・和人ら七〇〇名もの人々が溺死した。その後も有珠山《うすざん》・樽前山《たるまえ》・駒ヶ岳と、巨大な火山噴火があいついでいる。なかでも、寛文三年の有珠山噴火は、特に巨大なものであり、噴火の鳴動《めいどう》は庄内《しょうない》（山形県）までも響き、噴出した膨大《ぼうだい》な量の焼石や火山灰は道東まで飛んだ。また、火山からの噴出物によって噴火湾はおおいつくされ、沖合五キロメートルもの海面が陸地のよ

▼交易交換比率の一方的な変更
アイヌ側からすると、約三倍にもなる急激な値上げだった。その背景には、弘前藩領内で不作がつづいていることがかかわっているらしい。松前藩は弘前藩から米を購入していたのだが、不作により米価が高くなれば、当然松前藩は財政難におちいるため、対アイヌ交易でいっそうの利益を出す必要にせまられるのだ。

明治末年の有珠山噴火
（函館市中央図書館蔵）

うになったという。火山噴火は、特に自然に神の存在を見るアイヌ社会に大きな不安をもたらし、なおかつ深刻な経済問題も惹起《じやっき》したと思われる。

噴火による降下物の被害がもっとも深刻だったのは、東蝦夷地、現在の日高《ひだか》地方だったようだ。この地方では、アイヌたちが狩猟・漁労に加えて、植物の採取と小規模な農耕を中心とする生活を営んでいた。ところが、有珠山・樽前山からの火山灰が空を覆い降り積もったことで、植物の生育は期待できなくなり、さらに河川の氾濫も引き起こされたと考えられている。日高地方のアイヌたちは、困窮のふちに追い込まれたことであろう。

そして、こんな大変なときに、松前藩は交易比率を改訂し、三倍もの値上げを実施したのだ。アイヌたちが憤激したのは当然である。

シャクシャイン決起

このころアイヌたちの間では、政治勢力の統合が進み、大勢力が拮抗《きっこう》し、抗争をくり返すという状況にあった。いわば大首長の〝群雄割拠〟状態である。

東蝦夷地の日高地方では、静内《しずない》川流域の漁業権をめぐって、下流東岸のシビチャリを拠点とする大首長カモクタイン、上流西岸のハエを拠点とする大首長オニビシがそれぞれ勢力を築き、慶安元年（一六四八）以来長きにわたって対時していた。カモクタインの勢力はメナシクル、オニビシの勢力はハエクルとかシュムクルと呼ばれている。そもそも静内川は、日高西部の諸河川の中でずば抜けて多くの鮭が遡上する川だったため、早くから両者の間で漁業権をめぐる対立があった。さらに、例の火山噴火のため静内川の鮭が不漁になってくると、メナシクルたちは新冠《にいかっぷ》川の流域にも進出し、サル（沙流《さる》郡日高町）のアイヌ勢力とも衝突をくり返していた。松前藩もこうした対立を静観していたわけではなく、たびたび両者に休戦を呼びかけたが、その甲斐なく紛争は絶えなかった。

承応二年（一六五三）、カモクタインがオニビシに殺害されると、いよいよ事態は深刻さを増してゆく。副首長のシャクシャインがそのあとを継いでメナシクルの指導者となり、報復とばかりに手勢を率いて奇襲攻撃を仕掛け、オニビシの命を奪ってしまったのだ。サル地方のアイヌの首長に嫁いでいたオニビシの姉は、アッペツにチャシ（城砦）を築き、ハエクルを率いてシャクシャインを迎え撃ったが、シャクシャイン軍の攻撃を受けてここも陥落してしまった。

金山のある静内川上流に拠点があるオニビシは、和人と接触の機会も多く、もともと松前藩寄りの姿勢をとっていた。そのため頭目オニビシを殺害されたハエクル勢力も、松前藩に援助を要請した。しかし、松前藩はやはり中立の立場を貫き、要請に応じなかったようだ。しかも、ハエクルが松前に送った使者は、帰路に病死してしまう。そのためアイヌたちの間では、使者の死は松前藩による毒殺だという風説がまことしやかに流れた。

この誤報がきっかけで松前藩に対する不信が募るなか、事態は別な方向へと動き出す。かねて松前藩の蝦夷地進出に不満を持っていたシャクシャインが、打倒松前藩の兵を挙げることを決意したのだ。シャクシャインはアイヌたちのあいだに広がる不安をたくみに利用し、結集して松前藩に対抗することを呼びかける檄《げき》を各地のアイヌ首長に飛ばした。寛文九年（一六六九）六月のことである。

歴戦の勇士として名が響くシャクシャインからの呼びかけに、東蝦夷地ではシラヌカ（白糠郡）、遠く西蝦夷地ではマシケ（増毛郡）からもこれに呼応する動きがあった。さらに、シャクシャインの仇敵《きゅうてき》というべきハエクル勢力までもが、毒殺への恐れからシャクシャインと行動をともにしたという。東西蝦夷地をまたいだアイヌたちは団結し、蝦夷島にかつてない規模の一大勢力が形成されたのだ。

こうして、アイヌの内部紛争、和人の蝦夷地進出、松前藩の圧政、火山噴火による困窮などさまざまな要因が重なって、ついにアイヌたちは兵を挙げるに至った。世にいうシャクシャインの戦いである。この戦いは、日本史上最大の異民族蜂起事件として歴史に刻まれることになる。

国縫《くんぬい》川の決戦

シャクシャインは、遠く樽前山や羊蹄山《ようていざん》までを望むこともできる丘上のシビチャリチャシに拠った。各地で和人との戦闘状態に入ったアイヌたちは、まず鷹の捕獲のために蝦夷地に入っていた鷹匠《たかじょう》や、商船の船頭ら和人二七三人（三九〇人あまりとする史料もある）を殺害。シャクシャイン軍はおよそ二〇〇〇人の多きに達したといい、圧倒的な勢いを誇示していた。

もっとも、アイヌたちのすべてがシャクシャイン軍に加わったわけではない。シャクシャイン率いるメナシクルと対立を深めていたサル地方のアイヌたちはこれに同調せず、むしろ松前藩に協力的な態度をとった。また、西蝦夷地の大首長ら九名はヨイチに集まり寄合を持ったが、結局おのおのが別行動をとったようだ。一方、越後《えちご》の庄太夫《しょうだゆう》のようにシャクシャイン軍に身を投じ、重要な役割を演じる和人もいた。このようにシャクシャインの戦いは、実に複雑な要素が絡み合った戦いであったのだ。

さて、この大事件の一報が松前にもたらされた。藩内の事情は後述するが、当時藩主松前矩広《のりひろ》はまだ数え年十歳の幼主であり、藩政をにぎっていたのは家老蠣崎広林《ひろしげ》だった。中世以来、アイヌとの衝突はすでにいく度も経験しているのだが、今回ばかりは従来と比較にならない緊急事態だ。なにせ和人地にいる藩士は総勢八〇名ほどに過ぎない（足軽を入れればもう少しいるだろうが）。数に勝るシャクシャイン軍が押し寄せれば、藩の存亡に

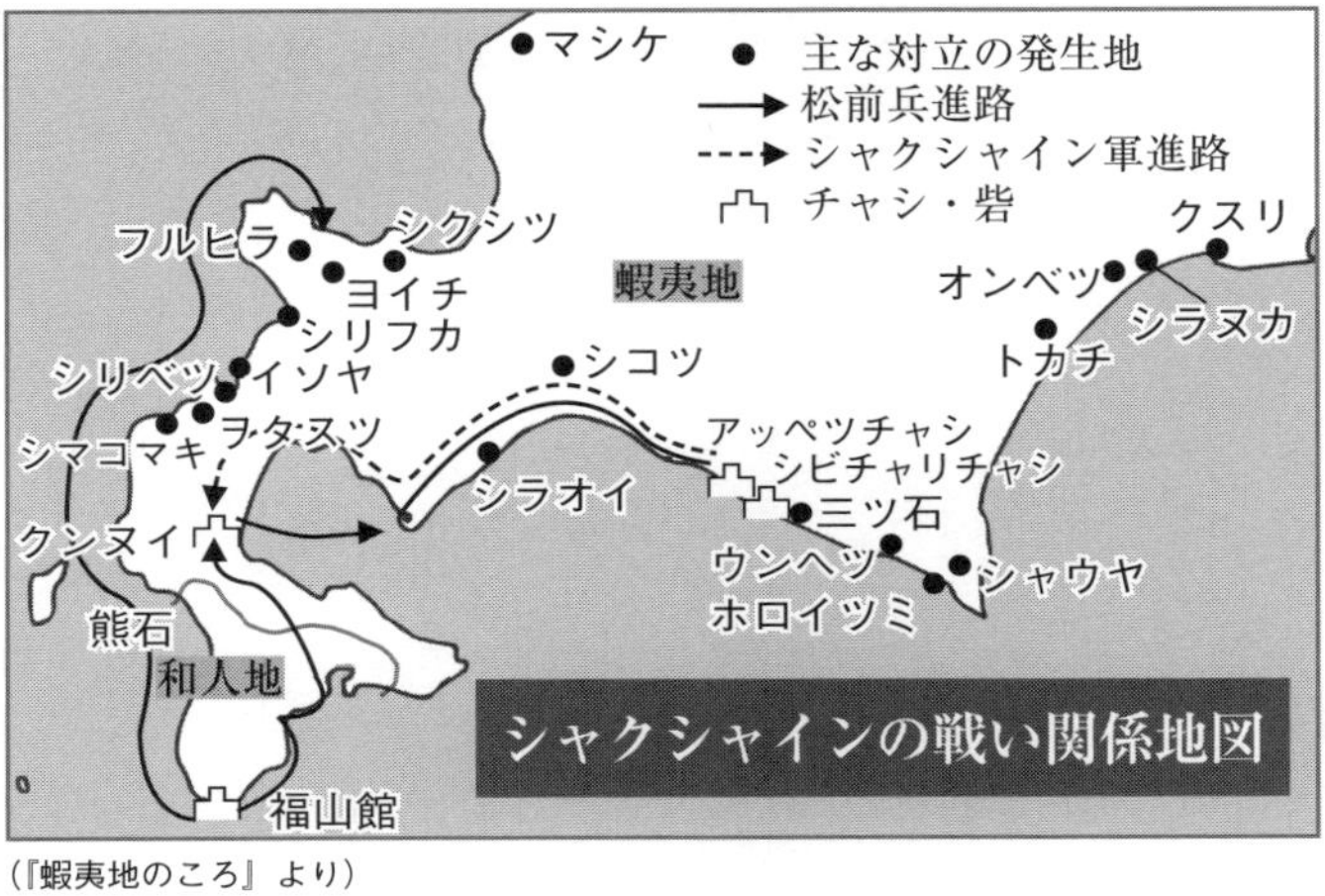

シャクシャインの戦い関係地図

（『蝦夷地のころ』より）

かかわるのである。

松前藩は江戸にも事態を報告した。急報に接した幕府は、さっそく弘前・盛岡両藩に援軍派遣を命じた。これら東北の諸藩は、蝦夷地で問題が発生したときに、松前藩を支えて問題を解決する役割を幕府から委《ゆだ》ねられていたのだ。同時に、幕府はかねて松前藩の後見役をつとめていた旗本松前泰広《やすひろ》（公広の三男で、藩主矩広の従祖父）を現地に派遣して、対応に当たらせた。矩広がまだ幼年で到底軍を指揮することができないため、一族の泰広に鎮圧を指揮させようとしたのだ。

すでに福山館では、襲撃に備えて物見櫓を増設し、アイヌたちが殺到した際には城下の町民たちも館内に収容してともに籠城する手はずを整えていた。城下の町民たちも、ときならぬ緊張に包まれていたはずである。

幕府からの命を受けた弘前・盛岡両藩は、援軍を送る準備を急いだ。だが、松前藩は両藩の手を借りず、みずから鎮圧する道を選択した。蝦夷地の事情を知られたくないし、幕府から統治能力なしと判断されてしまえば、取りつぶしになりかねないのだ。ただし、武器が不足していたので、これだけは両藩から借用した。

この間もシャクシャイン軍は松前をめざして進撃をつづけたので、松前藩側は和人地の東西に防衛ラインを設けた。和人地の東では、家老蠣崎広林の指揮のもと兵を東蝦夷地のクンヌイに置き、漁民まで動員して防備を固めた。一方、和人地の西でも、西蝦夷地のアイヌたちが呼応して南下することが想定されたので、こちらも相沼内《あいぬまない》・熊石・関内《かんない》の三カ所（いずれも二海郡八雲町）に番所を建てて警備を固めた。さらに、松前藩に従属していた相沼内のアイヌ首長トヒシシを西蝦夷地へと派遣し、シャクシャインに同調しないようアイヌたちへの説得に当たらせた。これが奏功して、日本海側では戦乱を見ることなしに事は済んだ。

破竹の勢いで松前をめざすシャクシャイン軍は、七月末に松前藩が防衛ラインを布いた国縫川に到達した。松前藩としては、いよいよ瀬戸際まで追い込まれたかたちである。両軍が川をはさんで対峙し、ここで八月初旬まで数日にわたって最後の激戦がくり広げられた。松前藩兵は戦いを制し、どうにかシャクシャインの進撃をはばむことに成功した。勝利を手にできたのは、弘前・盛岡両藩から借用した大量の鉄砲のおかげといわれている。

国縫川での戦いが決着して間もない八月十日、懐かしの故郷松前に旗本松前泰広が到着。感傷にひたる間もなく戦場に赴いた。指揮官泰広を得て、国縫川の勝利から反転攻勢に転じた松前藩は、シャクシャイン軍の拠点であるシベチャリ方面に彼らを押し返した。

ここで登場するのが、藩の知将佐藤権左衛門《さとうごんざえもん》である。権左衛門は、ツグナイ★の提出、関係者の助命という条件を提示することで、みごとシャクシャインらを降伏させることに成功する。だが、これは松前藩がお家芸とする謀略だった。ピポクに至った権左衛門は、和議を祝すと称してシャクシャインらに酒を与え、酩酊《めいてい》

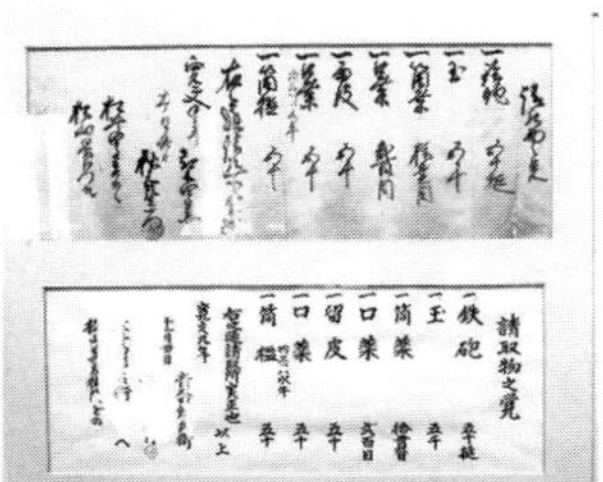

松前藩から弘前藩の鉄砲の返還証文
（弘前公園蔵）

▼ツグナイ
自分の非を認めた際に賠償として品を渡すアイヌの慣行。シャクシャインの戦いの際にアイヌたちがツグナイとして差し出したのは、刀だった。記録上はっきりと確認できるわけではないのだが、これは松前藩がツグナイを口実にしてアイヌの「刀狩」を行い、アイヌたちの武装解除を試みた可能性がある。

したところをうかがって槍で突き刺し、シャクシャインら中心人物一四名を謀殺してしまう。十月二十三日夜のことである。権謀術数を用いることで、松前藩は四カ月にわたった戦いにどうにか勝利を収めたのだ。

戦い終わりて

こうして勝敗は決したものの、広大な蝦夷地ゆえ、戦後処理には数年を要した。松前藩は寛文十二年（一六七二）まで各地に出兵を繰り返して、中心人物を討ちまたは捕えること七四人に及んだ。庄太夫らシャクシャイン軍に投じた和人四人も捕えて処刑し、シャクシャインの拠点シベチャリチャシも焼きはらった。

この蜂起の鎮圧は、松前藩がアイヌ社会を政治的に強く規制する契機となった。というのも、藩は各地でアイヌ首長から服従を誓う起請文《きしょうもん》とツグナイを提出させたのだ。起請文には、「殿さまからどのようなことを命じられても、私はもちろん、子孫や親族、ウタレ（下人）の男女に至るまで逆らわないこと」の一文から始まり、アイヌたちは松前藩に全面的に服従し、また他藩と交易しないことなどを誓わされた。

また、松前藩は、起請文とツグナイを差し出さねば交易は再開しないという強硬な姿勢でアイヌ首長たちに臨んだ。戦いの際に中立を保った首長でさえも例外ではなく、アイヌ社会全体に連帯責任を求めたかたちである。一方で、藩に味方したアイヌたちには褒美をとらせることもあった。

シャクシャインの戦い後における、アイヌと松前藩の関係の変化を象徴的に示すのが、儀式のあり方の変化である。江戸時代初期に城下交易が行われていたころ、藩はウイマムというアイヌの伝統にもとづいて、おおむね対等なかたちで交易を行っていた。ところが、シャクシャインの戦いを経て十七世紀末になると、松前藩はウイマムを御目見得《おめみえ》という藩主の公式接見行事として位置づけ、藩への忠誠を確認する儀式へと転化していった。藩主は座敷内にあって、アイヌの首長たちはその下方の土間にむしろを敷き、そこに座して礼拝するのである。

特に、シャクシャインの戦いで松前藩のため働いた西蝦夷地のアイヌ首長の子孫たちは、藩主に謁見し、服属の意を示して酒を下賜される儀式があった。彼らのなかにはふだんは和人百姓と変わらぬかっこうをしている者もいたが、正月には月代《さかやき》★を剃るのをやめて髪をのばさせ、アイヌのかっこうをさせた上で参勤させたという。アイヌが松前藩に服属していることを象徴的に示すためである。

こうしてシャクシャインの敗北により、各地の大首長が政治勢力を糾合する可能性も霧消し、松前藩とアイヌとの力の差は決定的なものとなったのである。

▼月代
江戸時代の成人男子の髪型。頭髪を額から頭の中央部にかけて剃り上げる。一般に江戸時代には、ルックスが身分や社会的地位を示すものとして機能したが、特に月代は日本人男子を示す髪型として認識されていた。そのため、第一次幕領期には、幕府はアイヌ男性に対し月代を剃ることを命じた（第五章参照）。

③

混迷する藩政

ファミリー企業の色彩が濃厚だった松前藩。
幼主の襲封と夭折、そして一門の権力闘争がつづき、その藩政は混迷をきわめた。
さらに〝門昌庵のたたり〟のうわさが、混乱に拍車をかける。

幼君また幼君

寛文九年（一六六九）の時点で、松前藩士は八〇名ほどだったという。そのうち、商場を与えられた場所持の上級藩士が三四人で、俸禄米を支給される下級藩士が四〇〜五〇人ほどだった。場所持の上級藩士の多くは、松前・蠣崎一族やかつて蠣崎家の同輩だった旧館主一族、そして譜代の家臣らだった。

二代藩主公広が寛永十八年（一六四一）に没すると、松前藩は藩政の混乱期を迎える。その最大の原因は、藩主の早世と幼君の継承がつづいたことだった。

●三代松前氏広《うじひろ》（公広の二男）　寛永十八年、二十歳で藩主に就任。二十七歳で死去。

●四代松前高広《たかひろ》（氏広の長男）　慶安元年（一六四八）、六歳で藩主に就任。二十三歳で死去。
●五代松前矩広《のりひろ》（高広の長男）　寛文五年（一六六五）、七歳で藩主に就任。六十二歳まで生きた。

見てのとおり、氏広・高広と二代つづけて二十代で死去する藩主がつづいている。当然、若くして命を落とした藩主の遺児はまだ幼いわけだが、血筋を重視する限りはそんな少年が藩主の座を継ぐことになるのだ。

幼君の存在は、重臣たちによる権力闘争を引き起こす要因となる。全国に目を向けても、諸藩の藩制がようやく整備されてくるのと同時に、御家騒動が頻発する時代でもあった。ファミリー企業の色彩が強い松前家の場合、家老★まで藩主一門から出ている。それだけ藩主の権力が弱いわけで、事態はいっそう深刻である。

幼君つづきの藩にあって権勢をふるったのが、季広の十一男（初代藩主慶広の弟）蠣崎守広《もりひろ》の子孫たちである。守広は、三代藩主氏広の外祖父として力をふるった。つづく四代藩主高広も蠣崎友広《ともひろ》（守広の子）の娘をめとった。その結果、友広は家老に就任する。もともと一門である上に、藩主の外戚《がいせき》になった守広系蠣崎家は、並ぶものなき権勢をほこった。

ところが、松前矩広が七歳で五代藩主になると、こんどはその生母を出した正広系蠣崎家が勢力を伸ばした。こちらは、蠣崎季広の五男である正広に始まる家である。もともと家老職にあり、シャクシャインの戦いで活躍した蠣崎広林が藩

▼家老
初代藩主慶広の父、季広には二六人の子があった。その半数が男子だったが、慶広の時代に、彼らはそれぞれ蠣崎の分家を興し、寄合（よりあい）・準寄合格（家老職につくことができる家格）という特別な家格を与えられた。藩主と家老が同じ一族から出ているのである。ほかに旧茂別館主の子孫、下国家も家老が輩出した。

主の叔父となって従来以上の権力を握り、藩政を左右するようになった。

こうして、守広系・正広系の両蠣崎家が藩の二大派閥として並び立ち、熾烈《しれつ》な権力闘争を展開した。一門の争いは藩主がピシッとしずめればいいのだが、矩広のような幼君とあってはそんな期待はできないだろう。おまけにこのころから藩主の独占的収入源だった砂金・鷹の産出量が減少してきたため、藩主の経済的優位すらもおぼつかなくなってきた。寛文四年に弘前藩が交易を許可した松前からの「御免船《ごめんせん》」の数が判明しているが、家老蠣崎広林の船五艘に対し、藩主の船は一艘しかない。経済力でも藩主が家老に負けていた可能性があるのだ。

この事態を幕府もさすがに憂慮したようだ。そこで、シャクシャインの戦いで指揮を執った松前泰広に藩政の後見を命じ、寛文十二年、ふたたび松前に派遣した。泰広は、一門の藩政掌握を許す根源は藩主との姻戚関係にあると見た。泰広の指導により、矩広は最初の妻を一門ではなく公家から、後妻も旗本家から迎え、一門の専横をいくらか緩和することはできたと考えられる。だが、権力闘争に終止符を打つには至らず、その後も藩内の混乱はつづいた。

柿本人麻呂像を刻む松前矩広
（『北海道旧幕図絵』巻7／函館市中央図書館蔵）

門昌庵の怪

ところで、この時期の松前藩の混乱を象徴するできごととして知られているの

松前家系図（1）

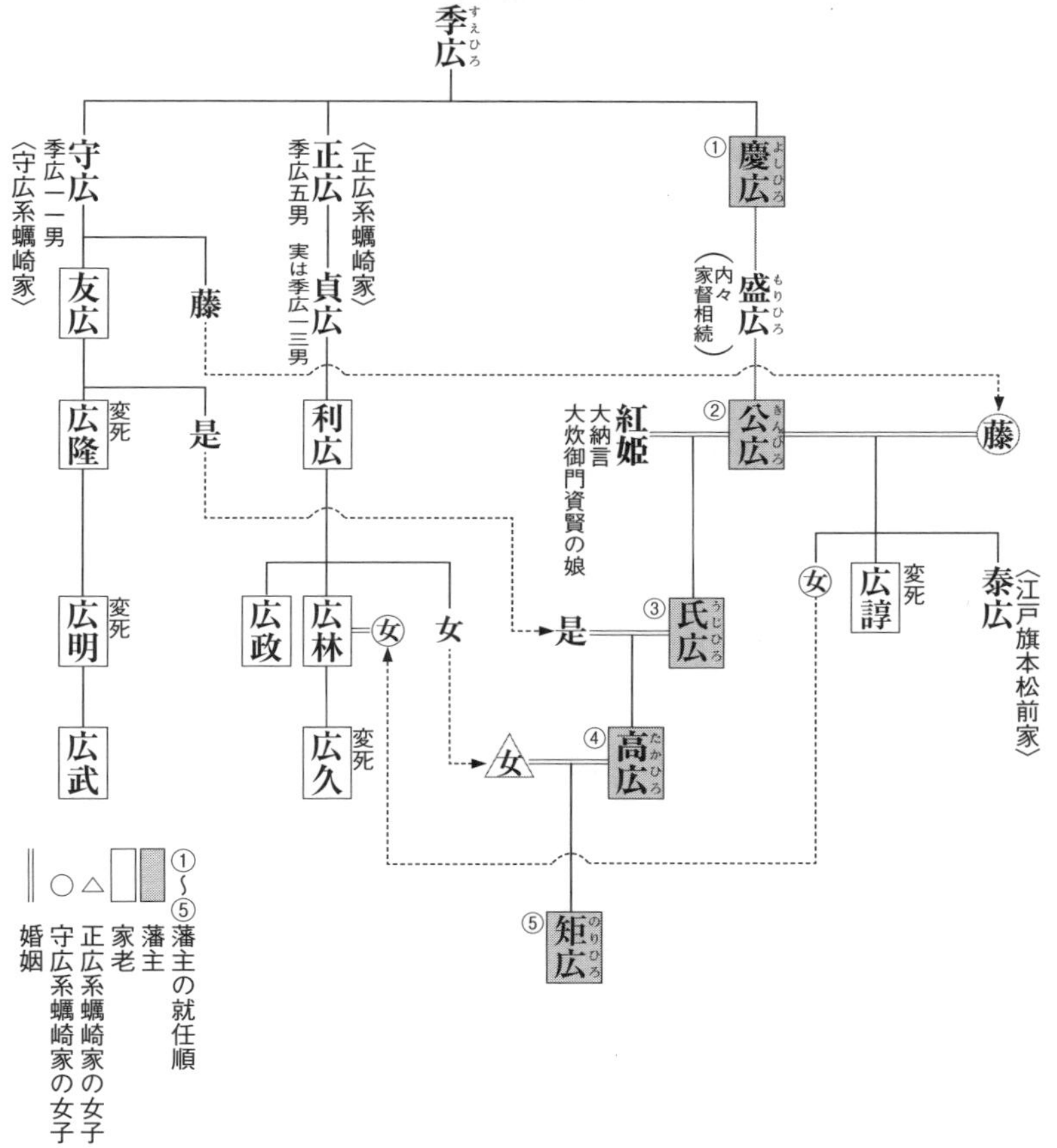

松前家家紋
（丸に割菱）

が、門昌庵《もんしょうあん》事件だ。寛改元年（一七八九）に熊石を訪れた菅江真澄★の旅行記『えみしのさへき』によると、それは次のような話である。

この事件の主役は、柏巌峰樹《はくげんほうじゅ》という僧である。柏巌は、延宝四年（一六七六）に松前家の菩提寺である法幢寺《ほうとうじ》（曹洞宗）の六世住職となり、世に名僧として名がとおっていた。ところが、女色《にょしょく》のこころがあるという讒言《ざんげん》があったため、翌五年、藩によって山越《やまこし》（遠流の刑）の罰をうけ、柏巌は西蝦夷地と和人地の境にあたる熊石に流されてしまう。

その後、柏巌は同地に草庵を建てて仏道修行にはげんでいたという（この草庵が、現在までつづく門昌庵という寺院のルーツである）。ところが、その後も讒言する者があってなおいっそう罪を重くされ、いよいよ藩は柏巌を斬首《ざんしゅ》の刑と決した。無実の罪で斬られることになった柏巌は、「命はめされようとも、魂は天に飛び地に去って、この恨みをはらそうぞ」と宣言、般若理趣経を逆さに読む呪詛《じゅそ》の儀式を行うと、やがて藩の決定どおり斬首された。

ところが、刑の執行が終わり、さらし首にするために、役人たちが城下へ首を運ぼうとしたときから怪異が起こり始める。途中で季節はずれの大雨風が起こったり、首桶をおいた部屋から出火があったりと、柏巌の怨念《おんねん》によるたたりがしばしばあらわれ、領民たちは恐れを抱いたというのである。

菅江真澄が伝えているのは以上のような話なのだが、その後の民衆の口碑《こうひ》では、

▼菅江真澄
江戸時代後期の国学者。本名は白井秀雄という。三河国（愛知県）に生まれ、国学を学んだのち、約三十年にわたって諸国を遊歴した。その間の見聞記は、当時の民俗資料として価値がある。

柏巌峰樹の像
（『グラフィック版民話と伝説』第１巻北海道東北より）

柏厳の処刑後その前を流れていた川が逆さに流れたとか、斬首を執行した役人の家には不幸が付きまとったなどと様々なたたりが付け加わっている。また、後世の書には、柏厳が松前藩の権力闘争に巻き込まれ、藩主矩広の寵愛を受けていた松枝《まつえ》という女性とただならぬ仲になったという中傷を受け処罰された、としているものもある。いずれも、後年になって話に尾ひれがついたものだろう。

当時、元禄七年（一六九四）の駒ヶ岳噴火や、翌八年の元禄の飢饉など、領民たちの不安をあおるできごとには事欠かなかった。不安をつのらせた人々は、凶事の起こる理由を求めた。当時の迷信深い人々から見れば、それらは〝門昌庵のたたり〟の結果と見えたのだろう。〝たたり〟を恐れること三百年、昭和二十四年（一九四九）に松前城天守が焼失したときでさえ、「門昌庵のたたりだ」という声があったというから、人々の記憶にいかに深く刻まれた伝説かがうかがえる。

御家断絶の危機

〝門昌庵のたたり〟がささやかれる一方で深刻だったのが、五代藩主矩広の子女のあいつぐ早世だった。矩広には三男四女があったが、そのいずれもが早すぎる死を迎えており、最も長命だった長女冬子でさえ二十二歳で世を去っている。跡継ぎがいないことは改易の理由になりうるので、特に藩主の男子に死者が出る

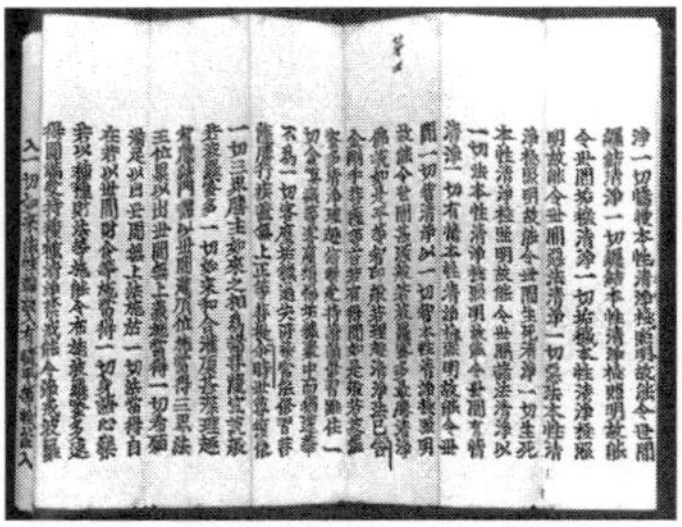
柏厳の理趣経（『グラフィック版民話と伝説』第１巻北海道東北より）

のは藩にとって大問題である。もし藩が取りつぶしにあってしまうと、家臣全員が路頭に迷ってしまうのだ。

加えてこの時期には、家老の変死事件までもが続発した。まず、延宝二年（一六七四）、蠣崎広隆《ひろたか》が江戸藩邸で変死した。つづいて延宝六年八月晦日《みそか》、家老松前広諶《ひろただ》と弟の松前幸広のふたりが斬り合い、翌九月一日にふたりとも落命した。天和元年（一六八一）には蠣崎広明《ひろあき》、宝永六年（一七〇九）にも蠣崎広久《ひろひさ》、ついで享保元年（一七一六）にも蠣崎広武《ひろたけ》が変死した。矩広の治政だけで五人の家老が謎の死を遂げたことになる（うち守広系蠣崎家が三人）。なお、元禄元年（一六八八）には、藩士手代木左内《てしろぎさない》が留守家老下国季春《しものくにすえはる》を殺害した上、江戸藩邸に火を放つという事件まで勃発した（江戸藩邸は、矩広の治政だけで五回も火災にあっている）。

しかも、めぐり合わせの悪いことに、徳川幕藩体制の確立期を迎え、幕府の権力はこのころ最高潮を迎えていた。諸藩への締め付けも強くなり、五代将軍徳川綱吉《つなよし》はささいな落ち度で諸大名を改易することもしばしばだった。松前藩としては、藩政の混乱を必死で隠しとおそうとしたことだろう。

だが、やはり幕府はすべてお見通しだった。天和元年（一六八一）十二月のある日、参勤中の藩主矩広が側用人《そばようにん》牧野成貞《まきのなりさだ》の私邸に呼ばれ、内々《ないない》に注意を受けたのである。藩主が呼び出しを受けて注意されるとは、藩としては不名誉なことこの上ない。もっとも、改易されてもおかしくないところを戒告で済んだのだから、むしろ幸運というべきであろう。

実は、この一件の裏にも、旗本松前家の影が見受けられる。旗本松前泰広は、牧野成貞の従姉妹を妻としていたのだ。矩広が牧野邸で注意を受けるだけで済んだのも、旗本松前家が牧野家に働きかけた結果かも知れない。

ひょっとすると、これも〝たたり〟ではないか――。藩が存立の危機に追い込まれ、藩主松前矩広もようやく〝門昌庵のたたり〟におびえはじめる。元禄十年には福山館の城内に仏殿を造立した。また芸術面にひいでた矩広は、柏厳の追善供養のため、釈迦涅槃図《しゃかねはんず》の大幅をみずから描き上げて法幢寺に納めた。さらに、門昌庵においては柏厳の年回忌をも厳粛に執り行った。これは、以後累代の藩主にも引き継がれ、毎回家老をはじめ藩の重役が藩主名代として派遣されている。

時は流れ、柏厳一七一回忌の法要が行われた翌年の嘉永三年（一八五〇）には、改築されることになった福山館の赤門までもが門昌庵に下賜された。このとき移築された門こそ、松前家の家紋武田菱が入った、現在の門昌庵の山門である。

松前矩広が描いた釈迦涅槃図
（『グラフィック版民話と伝説』第1巻北海道東北より）

門昌庵の赤門
（八雲町役場熊石総合支所提供）

④

享保藩政改革

第五代藩主松前矩広の子はみな世を去り、ついに松前家の正統は断絶。このピンチに急遽養子に選ばれた少年こそが、のちに「松前藩中興の祖」と呼ばれることになる松前邦広だった。第六代藩主となった邦広は、藩政改革を強力に推進する。

アウェーの若さま

松前藩主が江戸参勤に出発するのは、旧暦では冬がせまる十月ごろである。御目見得以上の家臣が並んで見送るなか、藩主を乗せた御座船は対岸の三厩《みんまや》に向けて帆を上げる。方面こそ逆だが、「津軽海峡・冬景色」の世界である。

福山館の城中・白神岬《しらかみみさき》・龍飛《たっぴ》岬《みさき》（弘前藩領内）の三カ所にはのろし台が設けられていた。藩主を乗せた船が松前を出帆するとき、また無事に津軽の三厩に着岸したときには、こののろしを上げて対岸に知らせたという。城中では、着岸ののろしを受けたら太鼓櫓の太鼓をたたき、藩士たちを登城させた。このとき、大広間で留守居の家老に「ご無事のご渡海、祝着《しゅうちゃく》に存じます」とあいさつするのが慣例となっていた。津軽海峡を越えるのはそれほど困難がともなったのだ。

松前藩の御座船の船印
（船橋芳琇氏提供）

正徳五年（一七一五）九月十五日、藩主松前矩広の参勤の旅★もこのようにして始まった。矩広はこのとき、二男で嫡子の富広《とみひろ》をともなっていた。〝たたり〟かどうかはさておき、門昌庵事件以来、七人いた矩広の子女は次々に早世し、すでに六人が世を去っていたので、富広はこの時点で矩広のただ一人の子であった。すでに二十歳、将軍に跡継ぎをお披露目しようと連れてきたのだ。

長旅を終えて江戸に着くと、幕府から貸与《たいよ》された藩邸を藩主の宿舎として利用する。松前藩の場合、江戸藩邸は火災などでたびたび移転を余儀なくされており、矩広が出府した正徳五年も、ちょうど下谷《したや》新寺町（台東区元浅草）に移ったばかりだった。そして、江戸城に登って将軍にあいさつし、領内の特産品を献上すれば、参勤の大仕事も山を越えたことになる。十一月一日、矩広と富広は無事に七代将軍徳川家継《いえつぐ》への謁見を済ませ、新しい年を迎えた。

ところが、ここで緊急事態が発生する。年末から病気ぎみだった富広が、年明け早々の正徳六年正月十三日に急死してしまったのだ。これによって矩広には嗣子がまったくいなくなり、松前家正統の血筋は途絶えてしまう。矩広ももう五十代、もはや新しい嫡子は望めそうにない。今度こそ本当に家名断絶の危機であった。

不幸中の幸いは、事態が江戸で起こったので、すぐに旗本松前家と緊急対策会議を開けたことだった。三日後の十六日、旗本松前嘉広《よしひろ》がやって来た。嘉広は泰広の長男で、父をしのぐ大出世を遂げ、当時は江戸城西ノ丸留守居という重職に

松前藩の御座船長者丸の船名額
（松前城資料館蔵）

▼参勤の旅
松前安広（松前慶広の七男）が仙台藩士となり、その子が片倉小十郎家を継いでいる。そのため、途中でその居城白石城に立ち寄るのが慣例となっていた。

あった。対幕関係に関しては、矩広は、いつも嘉広の指示を仰いできたのだ。

文字どおり日が暮れるまで協議した結果、「藩主矩広が五年ぶりに江戸にいる今、すぐに養子を迎える手続きをするのが最善である」という結論に至った。スピード解決の道を選んだのだ。幕府は、御家騒動の原因になるため、藩主が晩年に養子を迎える末期養子《まつごようし》を禁止している（この時期にはかなり緩和されていたが）。悠長にしていると、この禁令に抵触してしまう恐れがあるのだ。

矩広は江戸の親族旗本松前家の何人かの候補者のなかから、松前本広《もとひろ》（初代藩主慶広の二男忠広の孫）の三男伝吉《でんきち》を選び、養子とすることにした。このとき伝吉は、数え年で十一歳。すぐに幕府に養子を願い出、二月十一日、老中から無事に許しを得ることができた。まずはひと安心というところだ。

通例では、藩主は二、三月には江戸から帰国する。矩広も養子に迎えた伝吉を連れ、往路と同じような道のりで帰路につき、三月二十日無事に松前に帰着した。だが、富広を連れてついこのあいだ松前を出発した矩広が、別の見知らぬ少年を連れて帰国したのだ。出迎えた藩士たちの戸惑いは想像にあまりある。

こんなアウェーの状態ではじめての国入りを果たしたこの伝吉という少年こそが、のちに六代藩主となり、「松前藩中興の祖」とたたえられることになる松前邦広《くにひろ》その人であった。継嗣《けいし》に選ん

松前家系図（２）

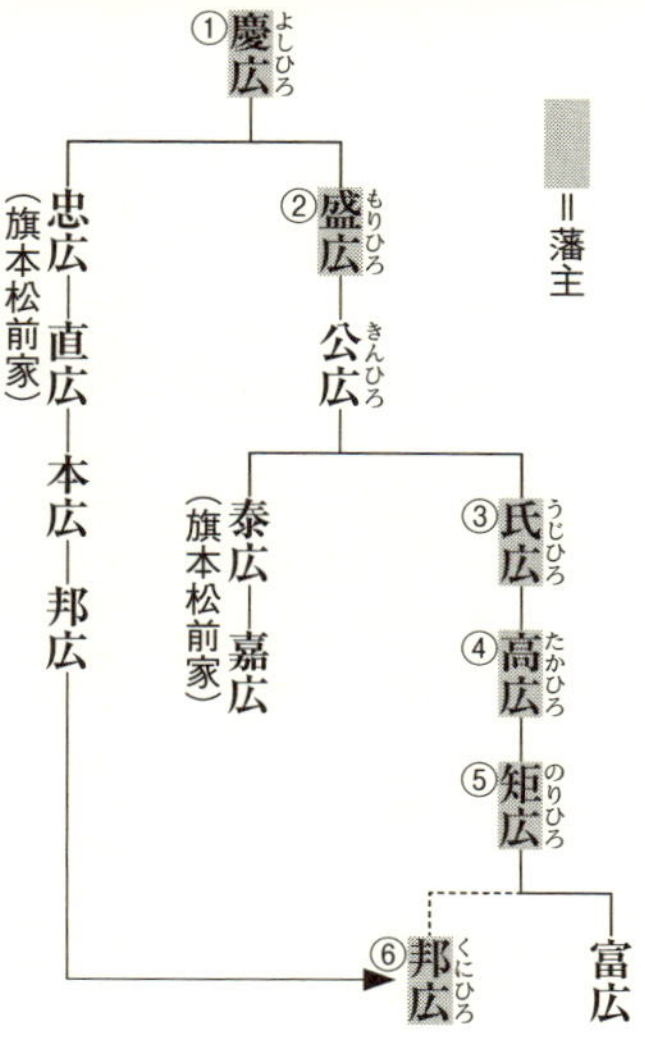

だ時点では、少年の資質は未知数だったが、結果的に矩広は大当たりを引いたことになるだろう。

血の誓約を交わして

〝門昌庵のたたり〟に悩まされつづけた五代藩主松前矩広だが、晩年は悪いことばかりではなかった。享保四年（一七一九）、矩広は八代将軍徳川吉宗《よしむね》より月次《つきなみ》御礼格一万石以上に準ずることを命じられている。要するに、ようやく諸大名並みの扱いを受けることになったのだ。

何の話かと思われるかもしれないが、細かくいうとこれまで松前藩主は大名といえるかどうか微妙な立場だったのである。そもそも松前藩は、「賓客」扱いの「無高」大名という特殊な格付けであり、三代将軍徳川家光が上洛した際には一万石の扱いでお供をしたが、参勤交代の際には五万石の格式さえも許されていた。かと思えば、藩政の混乱がつづいた天和年間（一六八一～一六八四）には、交代寄《こうたいより》合《あい》（参勤交代する旗本）の扱いになっている。このように、石高を持たない松前藩主の位置づけは、きわめて不安定だったのである。

その松前藩主が、このたび正式に一万石格に位置づけられたのだ。これを受け、享保十七年以降の『武鑑』（大名の官員録のようなもの）は、大名の最末席として松

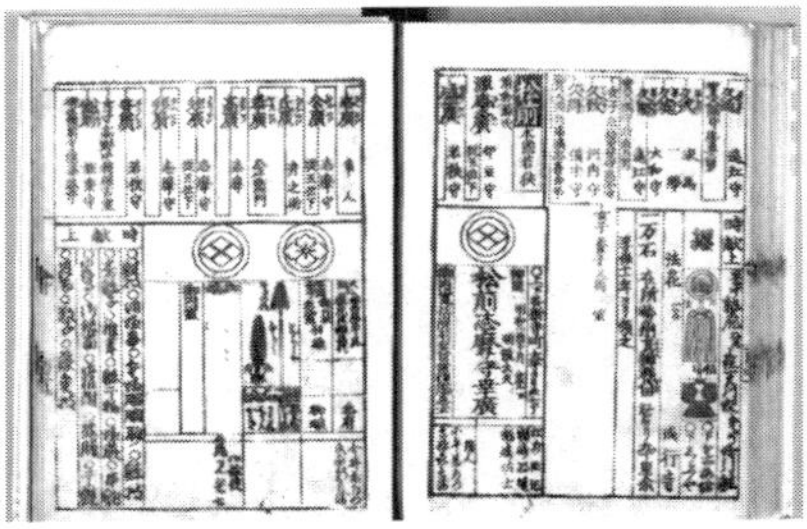
『安永三年大名武鑑』より松前氏の項
（国立国会図書館蔵）

前氏の名を掲げている。江戸時代も百年が過ぎて、松前藩はやっと世間から一人前の藩として扱われたことになる。

晩年の矩広は、悪化する一方の藩財政の再建にも取り組んだ。さきにも触れたとおり、松前藩の財政の柱だったはずのアイヌ交易は鮭の不漁つづきで不振、鷹や砂金も徐々に産出が減少し、藩財政は窮乏の一途をたどっていた。一方で、本州商人の松前進出はつづき、ニシン漁も年を追うごとに盛んになるなど、むしろ蝦夷地をめぐる経済は年々活況を呈していた。つまり、藩の体制が産業構造の変化について行っていないのである。

こうした課題を悟った矩広は、まず税制改革に乗り出そうと江戸の旗本松前嘉広に相談し、ひとまずニシンへの課税の改正に着手した。しかし、その矢先の享保五年十二月二十一日に病に倒れ、帰らぬ人となってしまう。享年六十二、五十五年間の長い治政の終幕だった。

藩主の死去を受け、その座を継ぐべき立場にあったのは、もちろん江戸で養子に迎えた伝吉である。伝吉はときに十七歳で、元服さえ済ませれば家督相続は問題ない。さきに死去した富広の未亡人房姫と結婚し、富広の分身としての立場も固めていた。

しかし、藩内には邦広が藩主に就任することについてかなりの抵抗があったと想像される。なにせ、松前藩は藩主一門が家老職を占めており、領主権が特に弱体な藩なのだ。江戸で嫡子が急死するという非常事態とはいえ、伝吉が養嗣子となるにあたり、国元の一門や家臣たちは何の相談にもあずかっていない。藩政に何かと口出ししてくる旗本松前家を不愉快に思う重臣たちも多かったことだろう。

こんな状況だったので、年が明けて伝吉が元服するにあたり、異例の措置がとられた。藩士たちの血印の誓約を取るというのだ。恐らく、新しく藩主になる伝吉の命に従うことを藩士たちに求めたのだろう。江戸から来た伝吉が、いかに藩内でアウェーの存在だったかがうかがえるエピソードである。

享保六年四月、ここに藩士たちの血をもって誓約書がとられたのち、伝吉改め松前邦広は幕府から家督相続を許可され、七月十一日、晴れて藩主の座を継ぐこととなった。第六代藩主の誕生である。

改革は〝脱・貿易立国〟

家臣たちの血判を得て藩主となった邦広は、矩広が晩年に着手した藩政改革路線を継承した。懸案は、不振つづきの交易に頼る藩財政から転換し、安定的な新しい税制を確立することだった。いわば、〝脱・貿易立国〟である。収益を税に頼る〝普通〟の藩をめざす改革といってもいい。

まずはその前提として、みずからの権力基盤を確立せねば、改革は推進できない。そこで邦広は、元服に際して三人の中老《ちゅうろう》を任命した。中老は家老の補佐役として享保二年（一七一七）に創設された役職で、松前一門のなかでも家老になれない家格の者を任じた。これにより、家老の政治力をうすめ、かつ一門の勢力のバランスを取ろうとしたのである。

支出の削減も試みた。倹約令を出して経費の節減に努め、享保十二年には幕府に願い出て、以後六年に一度の参府とした。いちど参勤交代をするだけで多額の出費があるので、その負担が減るのは大きな支出減である。また、常に他国から買わねばならなかった米を領内で生産できれば、それだけ出費が減るため、新田開発にも力を入れた（無論、寒冷な蝦夷島での稲作はなかなかうまくいかなかったが）。

そしていよいよ、養父矩広以来の税制改革に着手した。薪役・昆布役・入酒役・出油役・穀物役・鱈《たら》取役・獣取役・人夫役など多くの税目を新設し、あるいは税率をアップすることで、増収をはかったのだ。

税制に関して、邦広が特に力を入れたのは、沖ノ口番屋の改革である。これまで松前藩は、箱館・松前・江差《えさし》の三港を交易港として指定し、それ以外の港における和人商人との交易を禁じていた。そしてこの三港には、船舶・積荷・旅人をチェックして、規定の税を徴収する沖ノ口番屋が設置されていた。つまり、この番所さえしっかり機能させれば、物流統制と課税強化の問題を同時にクリアできるのだ。

まずは享保二十年、従来は酒のみに課していた沖ノ口口銭《こうせん》という関税を魚油にも課すことにした。蝦夷地のニシンからとれる魚油が、三港から多く移出されていたからであろう。

従来の沖ノ口での課税は、船舶に課す中世以来の入港税が中心だった。しかし、このたび新設の関税は商品に課すものであり、これなら商人がもうけるだけ藩ももうかることになるのだ。一時は住民の反対にあって中止されたようだが、延享五年（一七四八）には全移出入品の売買価格の一分（つまり一パーセント）に課されるようになり、藩の重要な財源の一つになった。

沖ノ口番屋の改革と関連して、流通のかなめである問屋も株仲間化して藩体制に組み込んだ。具体的にいうと、三港にあった問屋に廻船船頭の宿泊所を兼ねさせ、かつ沖ノ口番屋の入港検査、関税である沖ノ口口銭の徴収、事故や訴訟の際の保証といった港務《こうむ》までを代行させたのだ。もちろん問屋は商人なので、入港する廻船とのあいだに売買も行う。つまりは商品から船まで一切を問屋が仕切るかたちになるのだ。あとは、松前藩が問屋をとおして商品流通を掌握し、問屋が徴収した流通税を着実に吸い上げればいいというわけだ。

こうした税制改革をつうじて藩財政は劇的に好転した。その結果、邦広が江戸から松前に入った享保元年に一五〇〇両あまりしかないといわれた藩庫は、邦広が没する寛保三年（一七四三）には一万六五〇〇両あまりに達した。わずか二十

松前の沖ノ口番屋
（『松前屏風』　函館市中央図書館蔵）

年ほどで蓄えが一〇倍に急増したのである。沖ノ口番屋の改革により、産業構造の変化に対応し、収税体系を生産と流通両面に立脚したものへと再編強化することができたのだ。

借金が生んだ新体制

ところで、この時期、藩主直轄領と同様に、場所持の上級家臣たちも商場《あきないば》における アイヌ交易で収益を上げられなくなっていた。

重臣たちの多くは、交易に要する物資はもちろん、一年間の総入用まで商人から前借りして交易に従事し、それによって得た品物を商人に渡して償却するようになっていた。だが、年一回商船一艘を仕立てて商場で交易することを許されているに過ぎず、そのワンチャンスで利益を上げるのは至難のわざだった。しかも、交易で得られるおもな産物だった鮭は不漁つづきになっていたし、アイヌ社会の漁法は増産という方向へは進まなかった。こうして重臣たちは前借りした負債の償還に窮してしまう場合が多かったようだ。

そこで、これらの問題を解決するため、商取引に豊富な経験を持つ商人に商場の運営、アイヌとの交易を委託して、その利益配分を受ける方が得策ではないか、と考える重臣が出たようだ。また、商人からの負債の返済に窮して、商場を商人

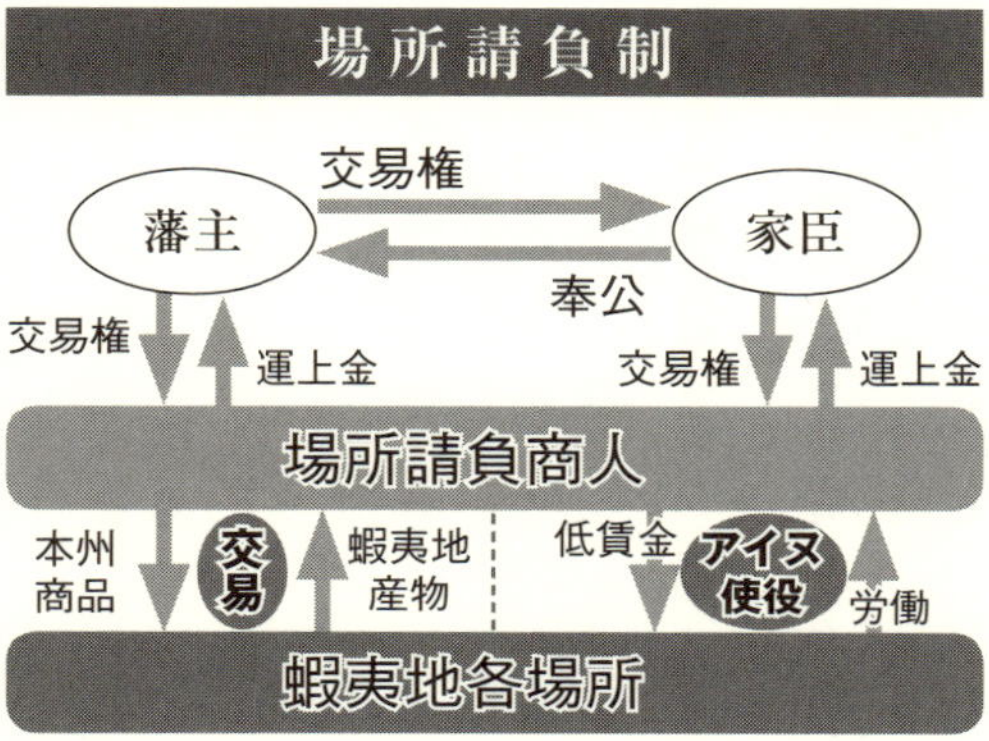

へ委託せざるを得ない者もいたことだろう。こうして、藩士たちは定額の運上金（営業税）を納めることと引き換えに、商場での対アイヌ交易を商人に一任するようになった。このような商人を場所請負《ばしょうけおい》商人と呼び、この制度を場所請負制という。

この方式は享保期（一七一六〜一七三六）から元文期（一七三六〜一七四一）にかけてしだいに広がっていき、藩主の直轄領にも拡大して、ついに場所請負制は松前藩の知行制度となった。将軍から与えられた対アイヌ交易権を、家臣に与えるばかりでなく、商人にも与えることとなったのである。

初期の場所請負商人は、おおむね近江商人である。運上金を負担した上で獲得した請負場所★であるから、商人としても元を取るため相応の努力がいる。しかし、商家の経営者である彼らが、みずから現地に乗り込むわけにはいかないので、場所に運上屋と呼ばれる活動拠点を建設し、手代《てだい》たちを派遣して運営に当たらせた。

だが、交易の利益が減っていくなか、請負商人が利益を上げるにはどうすればよいか？　蝦夷地には、熊の肝やオットセイといった希少価値産物もあるが、これらを増産することは困難である。となると、請負商人としては、やはり漁獲物の増産に努めるほかない。新しい漁場を開き、新しい漁法をアイヌの人々に指導し、あるいはアイヌの人々を労働力として使役《しえき》して操業する漁業で、生産の拡大をはかっていった。交易相手だったはずのアイヌを雇用労働者とするのは、商場知行制の段階では見られなかった現象である。

▼場所
この段階では、もはや「商場」という表現はふさわしくないので、以後本書でも「場所」と呼ぶことにしよう。

　場所請負商人が蝦夷地で得た漁獲物も、松前・箱館のいずれかの問屋に運搬することになっており、直接本州へ運搬することはできなかった。ここで問屋が沖ノ口口銭などの税の徴収も行って藩に納めるので、場所請負商人の上げた収益は藩庫にも入ることになる。

　場所請負制の成立に関して、藩政府の指導があったかどうかは不明である。商人たちからの借金を抱えた重臣たちにより、やむを得ず採用された制度かも知れない。ただ、新制度によって藩士たちは安定した収入を得られるようになる一方、知行地から切り離されて、これまで以上に生活を商人に頼るようになった。結果として、彼らの経済的自立性は弱まり、藩主の権力が相対的に強化されたことは間違いない。

　こうして場所請負制の成立と藩政改革の成功により、邦広の時代に松前藩主の権力はようやく確立された。松前邦広は、もはやアウェーどころか松前藩政を強力に主導する改革者になっていたのである。

　だが、十七歳で襲封して以来、藩主の座にあること二十余年。まったくのアウェーから藩に乗り込んで藩主権力を確立し、藩政改革を主導してきたこれまでの日々は、気苦労の多い歳月だったに違いない。寛保三年閏《うるう》四月八日、邦広は三十九歳という若さで病死する。このころ城下を洗った津波★からの復興がひと段落し、みずから新田開発を指揮しようと準備していた矢先のできごとだった。

寛保の大津波
（『北海道旧纂図絵』巻７　函館市中央図書館蔵）

▼津波
寛保元年（一七四一）七月十九日、日本海上にある火山島、渡島大島（松前大島）が噴火し、やがて山体崩壊を起こして大量の土砂が海になだれ込んだ結果、巨大な津波が城下に押し寄せた。被災から二カ月弱が過ぎた九月十日、邦広は被害状況について幕府に報告しているが、これによると津波による溺死者は和人地だけで総数一四六七人、流失倒壊家屋七九一戸、漁船の遭難は一五二一艘に達する大被害を受けたという。蝦夷地のアイヌの死者や、被災後の感染症による死者までを考慮すると、ダメージの大きさははかりしれない。

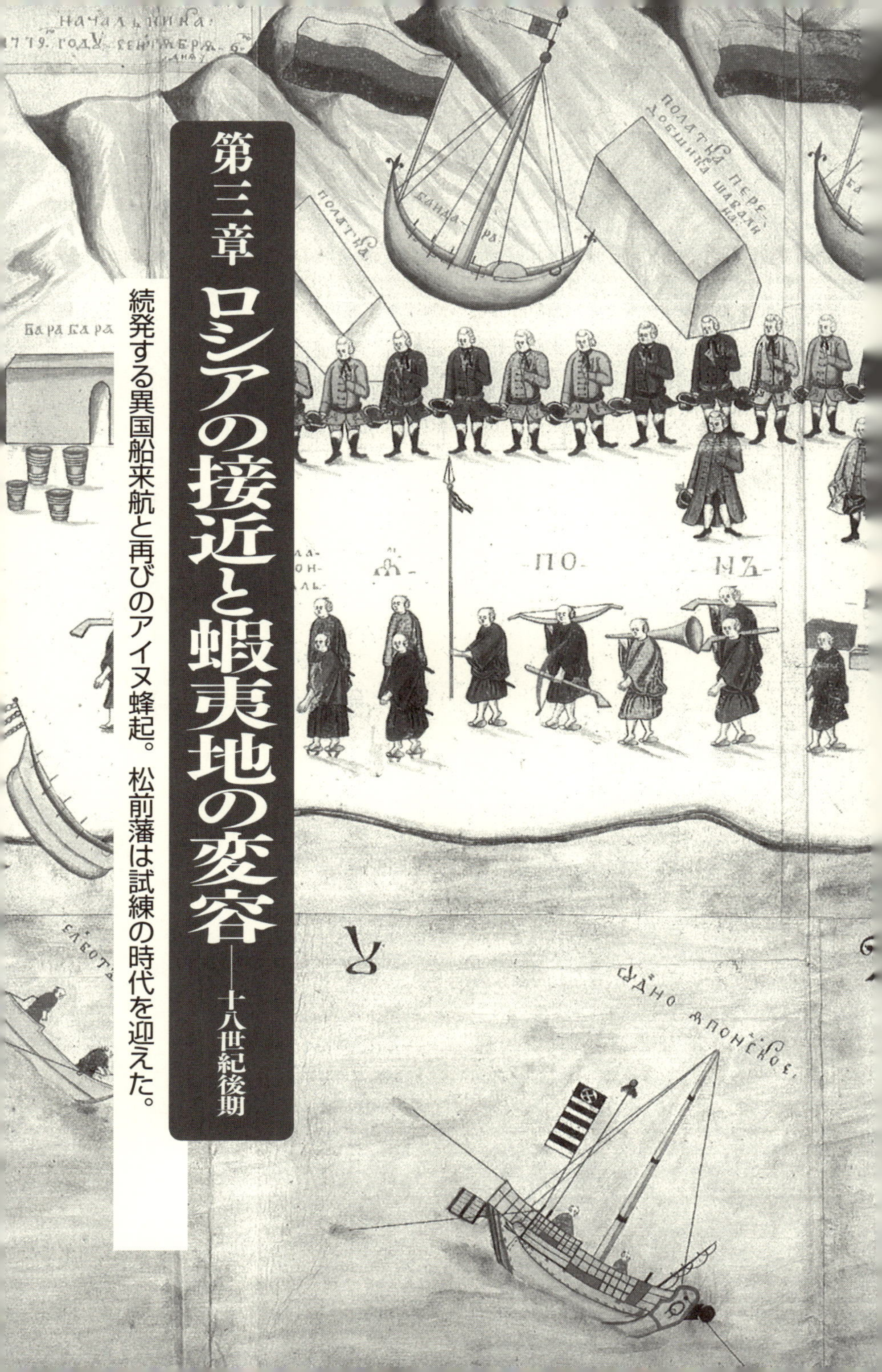

第三章 ロシアの接近と蝦夷地の変容
——十八世紀後期

続発する異国船来航と再びのアイヌ蜂起。松前藩は試練の時代を迎えた。

◆1◆

松前藩と商人たち

商品価値を高めた松前物を求め、蝦夷地に続々と進出する商人たち。
商人たちとの「癒着」が進んだ結果、藩は予想外の大打撃を受けることになる。
不公正な政治を訴えられ、幕府の法廷に引っ張り出されてしまうのだ。

近江商人の盛衰

中世以来、海産物を中心とする蝦夷島の産物は、日本海航路を経て敦賀《つるが》・小浜《おばま》で陸揚げされ、さらに陸路を通り京・大坂に送られていた。江戸時代になり、蝦夷地産物が近江商人によって独占流通されるようになると、京都との結びつきはさらに深まった。逆に、上方からは食糧・衣類・小間物などの生活必需品が松前に移入された。江戸時代の旅行者の日記には、松前に上方の文化が根付いていることを驚きまじりに書いているものが多い。ついこのあいだまで日本の外にあった松前がちょっとした〝小京都〟になったのだから、驚くのも無理はないところだ。

〝三方良し★〟の精神を重視した近江商人は、集荷のため漁民に投資して産業開発し、漁獲物の輸送も一手に行うなど、生産から運輸に至る幅広い商業活動を行

▼三方良し
近江商人の心得をいった言葉。「売り手良し」「買い手良し」「世間良し」の意味で、売り手・買い手がともに満足し、さらに社会貢献もできるのがよい商売であるということ。

っていた。特に彼らが育て上げた重要産業が、江差をはじめ和人地西部のニシン漁である。

大坂周辺の綿作をはじめ、各地の商業的農業にニシンが肥料として利用されるようになった結果、元禄・享保期から需要と販路が飛躍的に増大し、ニシン漁は鮭漁を上回る蝦夷島最大の産業に成長した。松前藩もニシン漁の保護に力を入れ、漁の中心地である江差に鯡《にしん》小屋奉行（鯡番所奉行）という漁の監督官まで置いた。漁期になると藩主がみずから潔斎して豊漁を祈願し、ニシンが音を聞いて驚くといけないため寺院の鐘すらも禁止したという。なにしろニシンの漢字「鯡」は、米の獲れない蝦夷島にあって、米の代わりになる貴重な産物だったため、魚であって魚に非ずという意味が語源といわれるほどだ。

近江商人の活動は、松前藩にとっても重要な意味があった。商場知行制をとっていたころ、松前藩士たちは本州の品々を近江商人から獲得することで、ようやくアイヌとの交易に臨めていたわけだから、近江商人の交易ルートは藩の大動脈であり、命綱ともいえる存在だったのだ。そのため、松前藩は彼らに藩主への御目見得、沖ノ口口銭の免除など特権的な地位を保証した。さらに場所請負制が浸透するに従い、近江商人のなかからも、大きな場所を請け負う者が現れた。

ところが、天明期（一七八一〜一七八九）ごろより、江差周辺のニシン漁は低迷し始めた。せっかく投資しても商品を確保できなくなってしまったのである。近江商人は大きな打撃を受けた。そして宝暦八年（一七五八）の時点で約三〇名を数えた松前の近江商人が、二十八年後の天明六年（一七八六）には実に一一名にまで減少してしまうのだ。

こうして近江商人による流通独占体制が解体されていくと、彼らと提携して物資輸送に当たっていた廻船業者の活動も低迷していった。そのため廻船業者も近江商人団をたよらず、みずから商売に乗り出していった。こうして生まれたのが、〝動く商店〟こと北前船《きたまえ》である。

北前船は、大坂―下関《しものせき》―松前を往復し、買積方式★で商売する船である。このころ新しい日本海海運として西廻り航路が開かれていたので、北前船は下関を経て大坂まで直接松前物を届けられるようになった。その間の日本海諸港のどこに入港するのも自由で、近江商人のような定式の輸送ルートにしばられない強みがあった。

こうして近江商人の独占がくずれ、北前船が登場することで、蝦夷島・本州間の流通事情は大きく変わったのである。

蝦夷島の「和藤内」

近江商人の独占体制がほころび始めたころ、彼らと入れ替わるように別系統の

▼**買積方式**
廻船の経営方式のひとつ。船主が商品を買い入れ、自分の船で運送して販売する方式。遠隔地間の商品の価格差を利用して、高い利潤を得ることができた。

商人たちが蝦夷地に進出していった。村山伝兵衛（阿部屋《あぶ》）、栖原《すはら》角兵衛（栖原屋）、武川《たけかわ》久兵衛（飛騨屋《ひだ》）、伊達《だて》林右衛門（伊達屋）といった面々で、おもに江戸で活動した経歴をもつ大商人である。ここでは、そのなかでも数奇な運命をたどった飛騨屋久兵衛の動向に着目していくとしよう。

初代飛騨屋こと武川久兵衛倍行《ますゆき》は飛騨国湯之島《ゆのしま》村（岐阜県下呂《げろ》市）の有力な百姓だったが、元禄九年（一六九六）、一旗揚げようと田畑を売り江戸に出た。そして材木商栖原屋の手代となり、同十三年、その後援を得て下北半島の大畑村に進出した。このとき飛騨屋は、対岸の蝦夷島に手つかずの広大な森林があることを知り、これを伐り出すことによって膨大な利益を手にできるとにらんだ。そこで同十五年、彼は松前藩にトウヒ（唐檜。蝦夷松の一種）伐採を出願する。蝦夷地の対アイヌ交易は近江商人に牛耳られていたものの、山林の伐採については出願者が運上金を払えば請け負うことが可能だったので、近江商人とも衝突せずに藩と利益を分け合えるのだ。

こうして飛騨屋は元禄十六年以降、松前藩から蝦夷地のトウヒ伐採を請け負って有珠山から後志《しりべし》川、石狩川、豊平《とよひら》川流域と次々に伐採を進めていった。飛騨屋の商売は、山林伐採を請け負い、家具・建具の材料用に均一なサイズに製材し、江戸や京都・大坂に廻送して売却までを行うという新しいスタイルだった。「異域」である蝦夷地のビジネスに果敢に乗り出し、新しい商売のかたちを生み出した冒険的な彼の姿に、人々はヒーロー「和藤内《わとうない》」★を重ね見、「和藤内久兵衛」とたたえたのだった。

ところで、このころ松前藩では場所請負制が藩の知行制として確立した。これにより、重臣たちはみずから蝦夷地に赴いて交易せずとも済むようになった。しかし、一方で、場所経営を商人に請け負わせたことにより、彼らの商人との関係はこれまで以上に密になった。その結果、商人と癒着した家老たちが、自分たちとの利害関係から藩主直轄領の請負人を選ぶ事例が多発した。その上なんと商人と結んで問屋業を営む重臣まで現れる始末だった。つまり藩士たちは場所請負制の成立後も、実態は〝士商兼帯〟のままだったのである。

江戸系の新興商人たちが蝦夷地に進出してきたのは、こうした時期のことだった。幼主の存在、家老の専横と商人との癒着、藩財政の悪化と藩政が乱れる条件が十分過ぎるほどそろうなか、新旧の商人たちが熾烈な競争をくり広げたのだ。問題が起こらないはずがなかった。

被告席の松前藩

事件の発端は、三代目飛驒屋久兵衛倍安《ますやす》のとき、手代の嘉右衛門が三〇〇〇両もの大金を横領し、クビになったことだった。飛驒屋を追い出された嘉右衛門は

▼和藤内
近松門左衛門作の人形浄瑠璃『国性爺合戦（こくせんやかっせん）』の主人公。明を復興させるため、異郷で奮闘する。倭寇の頭目、鄭子龍（ていしりゅう）の子で日本人の母をもつ鄭成功（ていせいこう）がモデル。

逆恨みし、松前に渡り湊源左衛門や蠣崎広重《ひろしげ》といった藩の重臣たちに取り入って、飛騨屋の伐木事業を奪おうと画策したのだ。この計画は大成功。明和六年（一七六九）、松前藩は飛騨屋の持つ山林伐採の権利を返納させ、藩の直営にした上で、嘉右衛門に経営させることにしたのだった。

だが経験不足がたたってか、嘉右衛門の経営は利益を上げられなかった。おまけに安永二年（一七七三）九月、嘉右衛門はサル場所（沙流郡）の山を伐採するとき不法行為を働いたため捕縛され、出身地である南部藩に引き渡され獄につながれてしまうのである。

ところが、嘉右衛門もさるもの。なんと彼は、京都にいる甥の医師をつうじて公家の西洞院《にしのとういん》家に取り入るという離れワザを使うのだ。西洞院家から依頼された松前藩は、南部藩の獄中にあった嘉右衛門を釈放させるばかりか、松前藩士として採用し、浅間《あさま》という姓まで与えたのだった。このころ勘定奉行になっていた湊源左衛門や、同じく家老になっていた蠣崎広重らの後援あってのことであった。無論、彼らが嘉右衛門からさまざまな「見返り」を贈られたことは想像にかたくない。

ところで、嘉右衛門が〝復活〟を遂げる以前のこと、松前藩は飛騨屋に対し八〇〇〇両という多額の負債を抱えていた。しかし、窮乏する藩はこれを返済できない。そこで、飛騨屋は五〇〇〇両にまで負債を割り引いた一方その代償として安永二年(一七七三)からエトモ・アッケシ・キイタップ・クナシリの四場所(のちにエトモをのぞき、ソウヤ・クスリ・シラヌカを加えて六場所)を請け負う契約を結んだ。いずれも手つかずの広大な良漁場を抱えた奥地場所である★。これを機に、飛騨屋は材木業から場所請負商人へ、山から海へと事業を転換したのである。

そうしたなか、松前に返り咲いた嘉右衛門は、船中吟味役という船の検査役となり、ふたたび飛騨屋への圧迫をはじめた。しかも、こんどは藩士となっているので、その圧迫は藩権力を背景とした営業妨害にまでエスカレートする。嘉右衛門は飛騨屋の船に言いがかりをつけて荷物を没収し、その上取り調べと称して飛騨屋に十五日間の閉店を命じた。廻船の船頭は、責任を感じて自殺してしまう。

三代目飛騨屋は、嘉右衛門の横暴を許す松前藩に対し、ついに堪忍袋の緒が切れた。嘉右衛門の罪を幕府に公訴することを決したのだ。飛弾屋は、江戸の後援者栖原角兵衛や郷里の代官大原彦四郎までも味方につけるという周到な布陣をした上で、安永九年六月、幕府の勘定奉行山村良旺《たかあきら》に訴状を出した。いわゆる飛騨屋公訴事件である。この事態にあわてた松前藩は示談にもちこもうとしたようだが、こうなってはもはや手遅れだった。

ところでこの事件の審理の過程で、嘉右衛門の身分が問題になった。当然、嘉右衛門が藩士であるなら、藩にも責任が及ぶことになる。松前藩は、分《ぶ》が悪いと見たか、あっさり手のひらを返し、「嘉右衛門を藩士といったのは湊源左衛門

▼奥地場所
松前から遠い請負場所のこと。襟裳岬・神威岬よりも遠方を奥地・奥蝦夷地などと呼んだ。場所こそ設定されているものの、松前藩の影響力は弱い。

と蠣崎広重のはかりごとである」と言い出した。そもそも嘉右衛門と結んだ彼らに振り回され、無定見な決定を下した藩に大きな問題があったのだが、その点についてはシラを切り、ふたりに罪をかぶせて藩の面目を保とうとしたのだ。

そして天明元年（一七八一）十月十一日、幕府は評決を下した。広重と源左衛門は重追放、嘉右衛門は死刑を申し渡された（もっとも、広重はこの年の春、すでに退職し、九月六日に病死している）。

追い討ちをかけるように湊源左衛門は藩からも処罰され知行地を没収されてしまう。だが、恨みの連鎖というべきか、浪人した源左衛門はその後、思わぬかたちで旧主松前藩を窮地に陥れることになる。源左衛門を切り捨て、野に放った代償は高くつくことになるのである。

飛騨屋の請負場所

2

日露両国の邂逅

幕末史のはじまりを告げる西洋列強の進出――。その圧力と最初に対峙したのは、松前藩だった。国土の拡大をつづけたロシアは、すでに蝦夷地のすぐ近くまで勢力を伸ばしていたのだ。これを察知した幕府も、蝦夷地に関心を寄せはじめる。

ロシアを動かす毛皮の魔力

かつて幕府が徹底したキリスト教禁圧と貿易統制を実施したことで、西洋各国人が日本に頻繁に渡来した時代はいったん幕を閉じた。たまに現れる異国船については、幕府は漂流船として保護し、乗組員を故国《ここく》に送還するにとどめてきた。

しかし、情勢は変わりつつあった。海獣の毛皮と鯨を求めて、北太平洋海域では西洋諸国の探検航海がつづき、第二の大航海時代ともいうべき時代が幕を開けた。漂流の結果ではなく、国策として日本をめざす異国船も現れるようになる。

特に、松前藩とかかわるのは、東方へと領土を拡大しつづけてきたロシアの存在である。ロシアはクロテンやラッコの毛皮★を求めて、驚異的なスピードでシベリアを征服し、その領土化を進めていた。十七世紀末にはカムチャツカ半島、十

▼クロテンやラッコの毛皮
毛皮の需要が高まった背景には、このころ小氷期（しょうひょうき）に入り、地球全体がいまより寒冷だったことと関連しているという見方もある。

八世紀にはアラスカまで版図に収め、わずか二百年でユーラシア・北アメリカ両大陸をまたいだ巨大な帝国へと成長したのだ。この間、千島列島に貴重な毛皮の取れるラッコが生息していることを知るや、ロシア人はアイヌたちから毛皮税を取り立てながら南下し、一七六九年にはエトロフ島に隣接するウルップ島にまで勢力を伸ばしていた。

だが、急速な領土拡張を果たすと同時に、ロシアは新領土への物資の供給に頭を悩ませていた。そこで必需品を獲得するための通商相手として注目したのが、千島列島の南のかなたにあるらしい日本という国だった。ロシアは、千島の霧のかなたにかすかに見える、日本への接近を模索しはじめるのである。

こうして、日露両国の勢力は千島列島南部においてついに接触し、アイヌ社会をあいだにはさみながら対峙するかたちになっていた。気づかぬうちに、ロシア帝国は、蝦夷地をはさんだ松前藩の隣人となっていたのだった。

ロシア人、ついに現る

ロシアのイルクーツク県知事アダム＝ブリルは、一七七二年、探検船を派遣して千島列島の調査、アイヌとの友好関係樹立、日本人との通商の可能性を探ることを命じた。その後いろいろ曲折を経て、ドミトリー＝ヤコヴレヴィチ＝シャバーリンというイルクーツク商業協同組合長とその一行が派遣されることになった。彼ら一行こそが、蝦夷島にはじめて渡来したロシア人である。

一七七七年、聖ナタリヤ号でオホーツクを発したシャバーリンは、ウルップ島で越冬し、翌七八年、皮舟三艘に分乗して千島列島を南下した。一行はクナシリ島でアイヌの首長ツキノエの案内を得て、和暦でいう安永七年六月二十二日、東蝦夷地のノッカマプ沖に到達した（ここは、例の借金の引き当てに飛騨屋久兵衛の請け負っていたネモロ場所の一部である）。この地方特有の濃霧が沖合を包むなか、ロシア人たちは祝砲を連発した。霧のかなたにとどろく大砲の音を聞いたアイヌたちは大あわてで逃げ去った。

このときネモロ場所の運上屋には、交易の監督として松前藩士新井田大八・工藤八百右衛門らがたまたま滞在していた。霧が晴れるのを待って上陸してきたシャバーリンらは、アイヌを通訳にはさみ日本人との面会を求めてきたので、新井田らはロシア人たちを運上屋に招いて対面した。シャバーリンらは「通商を求めて来たのだ」と渡来の趣旨を伝えてきた。これに対して新井田は「そのような重大事を自分の一存では決められないので、松前に帰ってこのことを藩主に報告する、来夏回答しよう」という旨《むね》をシャバーリンと約束した。シャバーリンも納得し、エトロフ島での再会を約した上で、二十四日、いったん帰国の途に就いた。

シャバーリン（『辺要分界図考』巻4／北海道立図書館蔵）

秘密の日露会談

さて、秋になり松前に帰った新井田は、藩主松前道広にことの次第を報告した。実はさかのぼること約二十年前の宝暦九年（一七五九）以来、松前藩はエトロフやクナシリのアイヌ首長らからロシア人の接近についてたびたび耳にしていた。そのため、驚きというよりは「とうとう来たか」という困惑をもってこの一報を受けたことだろう。道広は家臣たちと対応を協議したが、その結果、「どうせ幕府は長崎以外の交易は認めないだろうから、通商は拒否しよう」ということで意見はまとまった。

翌安永八年（一七七九）、松前藩はロシア人に回答を伝える使節として、藩士松井茂兵衛・工藤清右衛門・浅利幸兵衛らを派遣。彼らはアッケシまで先行して再渡来したシャバーリンらと遭遇し、八月十一日にここで会談のテーブルについた。

松井らは、通商に対する松前藩の回答を伝えた。それは前記のとおり「異国交易の場所は長崎港のみと定められているので、以後はこの地に渡来してはならない」というものだった。ただし、それに加えて、「アイヌを介して千島で交易するのはかまわない」という旨を〝勝手に〟付け加えている。いわば山丹交易と同様の方式である。そして、長々の滞船であろうからと帰帆《きはん》用の飯料として米・酒・

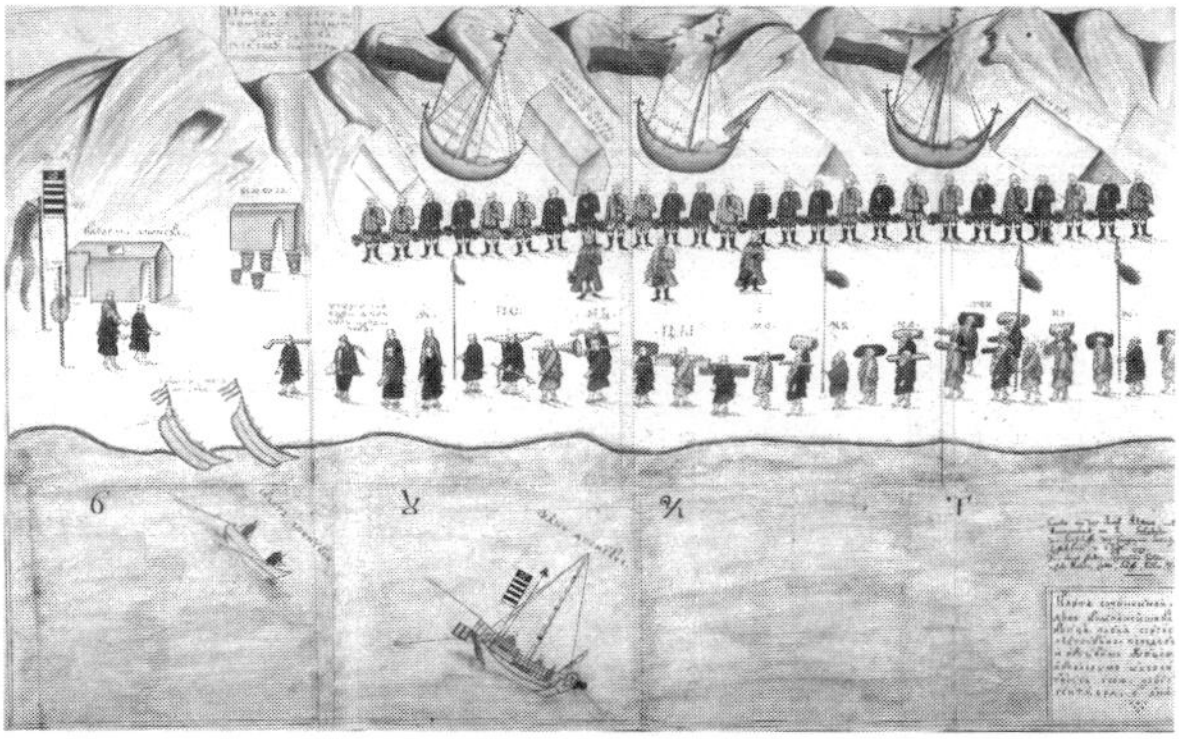

シャバーリン一行と松前藩吏との会見
（ドイツ、ゲッチンゲン大学図書館蔵）

煙草などを少々贈ると、彼らは特に不平も述べず、帰帆の途についた。

　こののち松前藩内では、この事件を幕府に報告すべきか否かという議論が蒸し返されたようだ。なかなか結論が出ないので、藩士酒井伊左衛門を江戸に派遣して旗本松前家の面々に相談したところ、「報告しても面倒になるだけだ」という意見であった。たしかに、この件を知らせてしまえば、今までロシア人の接近を伝えなかったことを責められたり、従来以上の厳戒態勢を布くよう命じられたりしかねない。

　こうして、百年ぶりに行われた西洋列強との通商交渉★は、藩外に知らされないままひっそりと幕を閉じた。ペリー来航に先立つこと七十五年も前のことである。

幕府、蝦夷地に乗り出す

対アイヌ交易の独占を幕府から許されている松前藩は、これまで蝦夷地に関する情報の漏洩に気を配り、秘密主義を貫いてきた。それゆえ、藩外では誰もロシアの接近に気付かなかったのだ。

　ところが、松前藩が隠したはずのロシアの蝦夷地接近は、一冊の書物によって暴露されてしまう。それは仙台藩医工藤平助《くどうへいすけ》★が著し、老中田沼意次《たぬまおきつぐ》に献上した『加摸西葛杜加《カモシカトカ》国風説考』★である。工藤は長崎で入手したオランダの地理書か

▼百年ぶりに行われた西洋との通商交渉
寛文十三年（一六七三）にイギリス使節サイモン＝デルボーが長崎に来航し、通商の再開を求める事件があったが、幕府はイギリス・ポルトガル両王室の姻戚関係を理由に拒否している（幕府はカトリック教国であるポルトガルと断交していたため）。以後シャバーリンの渡来に至る一世紀のあいだ、西洋の国々が日本に通商を求めてくることはなかった。

▼工藤平助
紀伊国の出身で、名は球卿（きゅうけい）。仙台藩医として江戸にあったが、その間海防・開港貿易・蝦夷地開発を主張する経世家としても知られた。田沼意次に対し、「国を広くする事業を行えば歴史に名をのこせる」と説き、蝦夷地開発を進言した。公訴事件の際には松前藩から代書人をたのまれており、そのために藩の内情につうじていたようだ。

▼『加摸西葛杜加国風説考』
いわゆる『赤蝦夷風説考』。本来はカムチャツカ半島の地誌として著された書で、こちらが本来の書名といわれている。

らロシアの知識を得、さらに松前経由で「赤人」「赤蝦夷」に関する情報を得た。ちなみに、この松前からの情報提供者というのが、門人の松前藩医米田玄丹《よねだげんたん》、そして飛騨屋公訴事件で追放された、あの湊源左衛門だった。

工藤の見るところ、長崎・松前由来の情報は、両者合致するところが多かった。ここから導き出された結論は、蝦夷地で「赤人」「赤蝦夷」と呼ばれている者たちはカムチャツカ半島を拠点としたロシア人であり、彼らは蝦夷地に接近しつつあるという事実であった。換言すれば、ロシアの領土が接近した結果、いまや蝦夷地は人々が考えるような地の果てではなく、もはや日露両国のはざまにある緩衝地帯に過ぎない、という新たな地理認識を示したのである。これは、従来の蝦夷地観を大きく転回させる大発見だった。

こうした認識にもとづき、工藤は蝦夷地開発論を展開した。すでに場所請負商人（飛騨屋のこと）によってロシアとの密貿易が行われている可能性があるが、むしろ幕府もこれにならって蝦夷地を開発し、その産物をもってロシア人と積極的に貿易を開くべきと主張したのだ。

ところで、このころ老中の地位にあった田沼意次は、幕府財政再建のため、民間の経済活動を活発にし、そこで得られた富を幕府の財源に取り込もうとしていた。その一環として、田沼はかねて中国への俵物★輸出の振興を考えていた。俵物のうち、あわび・いりこは全国生産の約七割を蝦夷地が占めていたので、ロシア

▼**俵物**
俵につめた、いりこ・ふかひれ・ほしあわびの三品を指す。江戸時代後期には、金・銀・銅に代わり長崎貿易の主力輸出品となった。中国では、高級中華料理の食材として珍重された。

人の存在のみならず、俵物集荷の必要からも蝦夷地は田沼の注目するところだったのである。さらに、工藤が伝えた、場所請負商人が密貿易を行っているという風評についても、幕府は看過できぬ問題としてとらえた。

かくて幕府はともかく現地調査を行うことにした。湊源左衛門の助言をたよりに、天明五年（一七八五）から翌年にかけて、山口鉄五郎、青島俊蔵ら五人の幕府役人が派遣された。彼らは手分けして東は千島列島をウルップ島まで、北はカラフト南部までを踏査した上で、蝦夷地の開発、アイヌとの交易、ロシアに対する警備についての試案を作成した。また松前での調査では工藤のいう密貿易の確証は得られなかったものの、松前藩がシャバーリン渡来事件を幕府に隠していたこともついに発覚してしまった。

天明六年九月、将軍家治の死去によって田沼が失脚したため、蝦夷地開発計画は沙汰止《や》みとなってしまうが、この調査の影響は決して小さなものではなかった。ロシア人が日本の北辺《ほくへん》に迫っている事実が、このときはじめて松前藩外に明らかにされ、蝦夷地問題の重大さが、白日のもとにさらされたのである。

また、幕府はこの調査隊派遣と同時に、俵物の集荷に当たる俵物役所の出張所を箱館に設置した。幕府が蝦夷島にはじめて設置した出先機関である。これは幕府が蝦夷地直轄支配への道程を一歩進めたことを意味していた。松前藩にとって試練の時代がはじまったのだ。

③クナシリ・メナシの戦い

赤字体質になった松前藩が商人たちに負担を課したことで、商人たちもアイヌを圧迫。ふたたびアイヌたちが蜂起する大事件がクナシリ島で勃発した。アイヌ民族最後の戦いとされる、クナシリ・メナシの戦いである。

負債の代償

飛驒屋をはじめとしたあいつぐ公訴事件により、松前藩は一〇万両もの大金を「雑費」として費やしてしまったという。藩主直轄領からの運上金収入は、飛驒屋への借金の返済にあてられ、藩の財源は江差から上がる運上金七〇〇〇両だけになってしまった。その上、天明二年（一七八二）から八年にかけて天明の大飢饉が猛威を振るったことを受けて、奥羽諸藩から米を得ていた松前藩もまた、非常な困窮にみまわれた。こうして財政難がふたたび深刻なものとなったのだ。

増収をめざす必要がある。といっても、松前藩がとれる策は、商人から御用金を調達したり、場所請負商人の営業税である運上金をつり上げたりといったことしかなかった。藩の財政難を商人に転嫁したわけだ。そうなると、場所請負商人は元をとろうとさらなる増益をめざし、零細漁民やアイヌといった弱者に転嫁することになる。それが松前藩への不満として吹き出す背景になった。

松前藩への負債の代償としてアッケシ・キイタップ・クナシリなどを請け負った飛騨屋も、ともかく収益を上げようとした。だが、これらの奥地場所では、いまだアイヌたちの独立性が強く、飛彈屋の思い通りにことは運ばなかった。安永三年（一七七四）にクナシリ場所を請け負った飛騨屋は、はじめてクナシリ島に商船を出したが、同島のアイヌ首長ツキノエが乗り込んで来て、交易用の品々を奪い去ってしまった。飛騨屋はその後、ツキノエを兵糧《ひょうりょう》攻めにするためクナシリ島への商船派遣を取りやめるが、反面この策は飛騨屋も交易収入を得られなくなってしまう欠点があった。しかも、ロシア人シャバーリンらがアッケシに来航した際も、飛騨屋は藩から経費を負担させられた。天明二年になってようやくツキノエがわびを入れてきてクナシリ島との交易が再開できたと思ったら、天明六年に田沼政権が蝦夷地調査団を送り込んだため交易中止が命じられてしまう。せっかく一大決心をして材木商から場所請負商人に転身したのに、飛騨屋は災難つづきだったのである。

利益を上げようと躍起になった飛騨屋は、天明八年、ついに経営方針を転換する。アイヌとの交易はなかなか利益が上がらないため、マス漁に力を入れるようになったのだ。大網を使って大量のマスを捕獲した上で、金肥《きんぴ》★になる〆粕《しめかす》を大量

▼金肥
お金を払って買う肥料。そんなの当たり前だと思われるかもしれないが、江戸時代前期までは基本的に自家で草を刈って作る刈敷（かりしき）・草木灰（そうもくばい）などの自給肥料が使われていた。一般に金肥の方が効果は高く、しかも自給肥料をつくる手間を省けるメリットがあった。

生産しようともくろんだのだ。だが、問題はその労働力として多くのアイヌの人々を安価な品物で事実上、強制的に徴用し、恐喝や暴力、虐待によって酷使したことだった。クナシリ島で飛騨屋に対するアイヌたちの敵意が急速に高まっていったのは、当然の帰結である。

北太平洋の先住民のあいだには、集団の害悪になる存在を徹底的に排除する掟がある。すぐ近くのウルップ島では、一七七一年、横暴なロシア人二一人がアイヌに殺害されたこともあった。アイヌたちの反感を買うことがいかなる結果を招くか、その恐ろしさに、飛騨屋の手代たちは気づいていなかったのだ。

アイヌ民族最後の戦い

寛政元年（一七八九）五月、病気中の首長サンキチがたまたま運上屋から酒をもらって飲んだところほどなく死亡し、また、番屋から食物をもらったマメキリの妻も死亡した。クナシリ島で起こったこの連続不審死が、大事件の発火点となる。不安を感じたアイヌたちの間で、飛騨屋がアイヌたちを毒殺するといううわさが駆けめぐっていく。かねがね飛騨屋の手代たちが口にしていた「おまえらなどは皆殺しにする」といった恐喝が、ついに現実となったものと推量したのだ。

飛騨屋に反感を募らせ、また根絶やしにされることを恐れたアイヌの若者たちは、ついに徒党を組んで爆発した。その数、四一人。中心となったのは、妻が「毒殺」されたというマメキリ、父サンキチを「毒殺」されたというホニシアイヌたちである。

決起したアイヌたちは運上屋にいた松前藩の足軽竹田勘平や飛驒屋の手代たちを襲撃し、クナシリ島にいた和人のほぼ全員にあたる二二人を殺害した。さらに、事件は野付《のつけ》水道を越えて対岸のメナシ地方（キイタップ場所）にまで波及する。シベツ（標津町）付近に住む八九人のアイヌたちもこれに呼応し、沖で飛驒屋の手船、大通丸を襲撃して乗組員らを殺害したのだ。海岸にいて殺された者も合わせ、シベツでは四九人もの和人が犠牲になった。クナシリ島と合わせて、一三〇人のアイヌが蜂起し、七一人もの和人が殺害されたことになる。世にいう、クナシリ・メナシの戦いの幕開けである。さらにアイヌたちは五カ所にチャシを築いて戦闘準備を整えたため、和人・アイヌ関係の緊張は最高潮に達した。

アイヌ蜂起の知らせは、翌月松前藩庁に伝わった。藩は討伐隊として番頭新井田孫三郎・物頭松井茂兵衛・目付松前平角以下、総勢二六〇余人の兵を派遣するとともに、幕府にも通報した。事態を重く見た幕府は、シャクシャインの戦いのときと同様、弘前・盛岡の両藩に出兵準備を命じた。

だが、事態はシャクシャインの戦いのような展開——和人・アイヌ間の軍事衝突——には至らなかった。なぜなら、アイヌたちが一枚岩ではなかったためであ

殺害された和人の供養のため建てられた横死七一人之墓（根室市）

る。

クナシリ島でもメナシ地方でも、襲撃に参加したのは飛驒屋のもとで働く若者たちが中心であった。彼らはツキノエら首長層に告げることなく、むしろ彼らの留守中に殺害を実行したとされる。このころアイヌ社会も階層分化が進んでおり、飛驒屋が労働力として強制的に徴用した一般のアイヌたちと、和人やロシア人との交易で利潤を得て多くの妾《めかけ》・ウタレ（下人）を従えていた首長たちとでは、一口に同じアイヌといっても立場がまるで違うのだ。

新井田孫三郎ひきいる松前藩の討伐隊は、この構造を利用して鎮圧をはかった。現地に赴く途中、ツキノエら首長たちに鎮圧に協力するよう指示を出したのだ。首長たちは争いを収束するため新井田に協力的な態度をとり、その指示どおり蜂起勢を説得し、根室半島のノッカマップにクナシリ・メナシのアイヌ三一四人を集めた。結局、アイヌたちは本格的に戦うことなく投降したかっこうである。

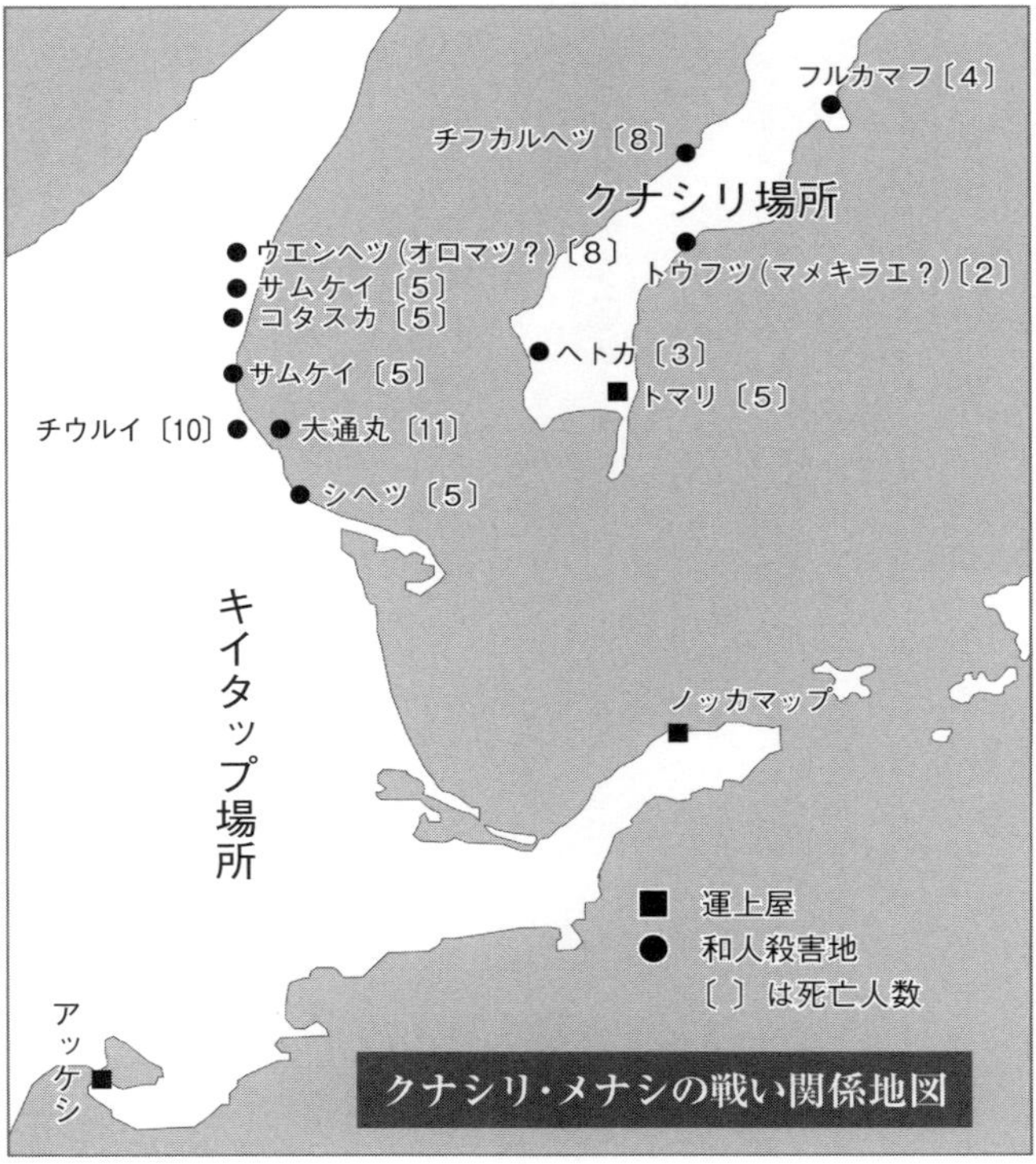

クナシリ・メナシの戦い関係地図

首長たちが鎮圧に協力したのは、彼ら自身の立場の保全のためだけではなかった。彼らは、アイヌ社会が和人と正面から衝突しても勝機はないし、和人との交易が廃されればアイヌ社会が立ち行かない状況にあることを認識していた。それゆえ、同族を松前藩に売るかのような行動をとったのである。首長たちを苦汁の決断に追いこんだ和人の責任についても、留意しておくべきだろう。

混乱と凄惨の果てに

新井田らの率いる藩兵がノッカマップに至ったのは、事件発生から三カ月ほどたったときのことだった。取り調べの結果、新井田は飛騨屋の不行跡は認めたものの、殺害に直接加わったアイヌたち三七名は重罪として許さなかった。彼ら全員に対して、死罪が申し渡されたのである。この三七人の中には、マメキリやホニシアイヌはもちろん、新井田の取り調べに協力したツキノエの息子セッパヤまでもが含まれていた。

処刑は、牢から一人ずつ引き出し、首をはねてゆくというものだった。ところが、五人目を斬首したところで牢内が騒がしくなり、牢の内外のアイヌたちがペウタンケと呼ばれる呪いの叫びを挙げ、牢を壊そうとした。外のアイヌと呼応して騒ぎになることを恐れた松前藩士たちは、牢内へ鉄砲を撃ち込み、逃げる者を槍で突き、結局その大半を殺害した上で、改めて遺体の首をはねていった。

その後、新井田はイコトイら鎮圧に協力した首長たちに今後このようなことがないよう申し付け、首長たちを藩主松前道広に謁見させるべく松前に連行した。和人殺害に直接加わった三七名の首は、塩漬けにして持ち帰り、松前城下にさらし首にした。これは、百姓一揆のような「徒党」の罪に対する刑罰を、アイヌに対しあえて適用した結果といわれている。これにより蝦夷地の紛争は幕府法にもとづいて松前藩が解決すべきもの、という論理を提示したのだ。

それぞれの後日談

アイヌ民族最後の戦いといわれるクナシリ・メナシの戦いは、こうして幕を閉じた。独立性の強かった奥地場所のアイヌたちも、ついに松前藩・幕府に全面的に従属させられたのである。以後アイヌはこれまで以上に単なる漁場労働者へと化し、経済的にも和人に従属させられていく。そして、請負場所に設定されたアイヌの集落は、労働力の供給源へと変貌し、アイヌ固有の社会や文化は徐々に破壊されていくのだ。

一方、幕府が松前藩を見る目も厳しくなっていく。藩主松前道広は、老中松平定信の命に応えて今後の蝦夷地支配の方針を示し、寛政二年（一七九〇）八月、何とかおとがめなしとなった。また道広は、寛政二年から翌年にかけて、家老で実弟の蠣崎波響《はきょう》（広年《ひろとし》）を上洛させ、鎮圧に協力したアイヌ首長の肖像『夷酋《いしゅう》列像《れつぞう》』★をもって多くの名士たちと接触させている。これは、松前藩がアイヌをしっかり服属させていることを宣伝するメディア戦略という一面があったともいわれる。蝦夷地のことはとにかく我々に任せれば心配ない、というアピールに藩は必死だったのだ。

一方、悲惨な末路をたどったのが飛驒屋である。使用人を七〇人も殺害され、貨物が掠奪《りゃくだつ》されたのみならず、この事件は飛驒屋の場所経営がアイヌに過酷すぎたためであるなど非難をうけ、松前藩から請け負っていた場所すべてを没収された（実際のところ、松前藩も責任重大なのだが……）。このため飛驒屋は回復ができないまでの打撃をうけ、寛政三年、松前店を閉じた上で、出身地である飛驒に引きあげるに至った。クナシリ・メナシの戦いの裏で、「和藤内久兵衛」とまでうたわれた飛驒屋は、さびしく歴史の表舞台を去っていったのである。

『夷酋列像』（本作は「御味方蝦夷之図」の名）のうちイコトイ像（函館市中央図書館蔵）

▼『夷酋列像』
コラム参照。

4 蝦夷地喪失

異国船の来航、アイヌの蜂起、第八代藩主松前道広の失政。

「松前藩に蝦夷地を任せて大丈夫なのか？」という声はしだいに高くなっていく。

ロシア軍が蝦夷地で暴れまわるなか、ついに松前藩は領地を取り上げられ消滅する――。

北からの黒船

クナシリ・メナシの戦いのあとも、奥蝦夷地をめぐる大事件がつづいた。ロシア使節となった陸軍中尉アダム＝キリロヴィチ＝ラクスマンが、女帝エカテリーナ二世の命を受け、イルクーツク県知事の名代として日本に派遣されたのだ。ロシアは、交渉の席に確実に着けるよう、漂流民大黒屋光太夫《だいこくやこうだゆう》らの送還という口実を用いつつ、いよいよ国策として対日通商を求めて来たのである。

寛政四年（一七九二）九月三日、ネモロ（根室市）に投錨したラクスマンは、同地の運上屋に駐在していた松前藩士熊谷富太郎《くまがいとみたろう》を訪問して来航の趣旨を述べ、かつ「海が荒れる季節になったので、ここで越年したい」という希望を伝えた。熊谷はその次第をただちに松前に報じたが、藩ではことの重大さに驚き、近藤吉左

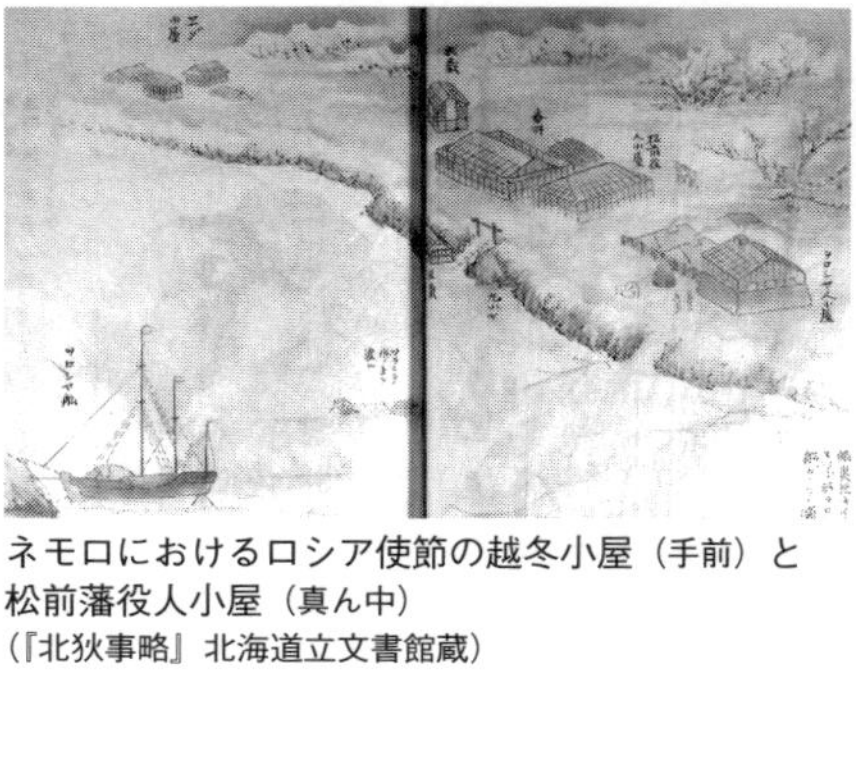

ネモロにおけるロシア使節の越冬小屋（手前）と松前藩役人小屋（真ん中）
（『北狄事略』北海道立文書館蔵）

衛門・米田右衛門・鈴木熊蔵および藩医加藤肩吾をネモロに派遣し、応対に当たらせた。

シャバーリンのときは幕府に届けなかった松前藩だったが、さすがに同藩を見る目は厳しくなっているので、このたびはきちんと幕府に報告した。ときの老中松平定信は松前藩に対し、「このたびの使節は漂流民を送って来たことでもあるから、宣諭使《せんゆし》★を派遣して松前で引見する、江戸から沙汰があるまでロシア人が出帆しないよう取り計らうこと、ただし失礼のないように」という命令を出した。ここまではロシアのねらいどおりの展開である。

この指令を受け、熊谷富太郎らネモロ出張中の藩士たちはロシア使節一行に対して懇切に対応し、使節とともに滞留して越年することにした。日露両国の人々が一冬《ひとふゆ》をともに過ごすことになったのだ。ロシア人たちはサウナを建てたり、氷結した港内でアイススケートを披露したりするなど、比較的自由に行動することを許されていたようだ。また、藩医加藤肩吾はロシア人のもとを訪れ、双方の地図を写し合ったり、言語を交換教授したりした。加藤は明和年間（一七六四～一七七二）に幕府の聖堂学問所で学んだ松前藩の俊才であり、測量術にもつうじていた人物だったのだ。通史的に描くと「異国からの脅威」とでもいうべき事態なのだが、松前藩士たちがロシア人と意外に親しく接しているのは印象的である。

翌寛政五年、ロシア使節団は松前で宣諭使と会談するためネモロを出帆し、箱

▼宣諭使
「宣諭」とは述べさとすこと。ここでは、将軍の上意を伝える使節、というほどの意味であろう。

ネモロでスケートするロシア人
（『大黒屋幸太夫史料集』第１巻より）

館に上陸した。ラクスマンら一一名に松前藩士ら大人数の護衛がつき、人夫まで入れて総勢七〇〇余人を数える大行列となって、徒歩で松前をめざした。松前に到着したのは六月二十日のことである。松前藩が旅宿や会談場所を提供して、いよいよロシアと日本、中央政府の代表どうしの会談がはじめて行われた。

江戸から派遣された石川忠房・村上義礼《よしあや》の両宣諭使はラクスマンと面会し、日本の国法について述べ、ロシア側の要求を明確に拒否しつつ、以後再び来航しないようにさとした。ただし、「交渉の必要がある件は長崎で聞く」と伝え、信牌《しんぱい》（入港許可証）まで渡した。ともかくも信牌を得たことでラクスマンは通商の足がかりを得たと理解し、光太夫らを引き渡して帰帆した。

幕政を主導する松平定信も、今後長崎で再度交渉が行われた場合、ロシアとの通商許可もやむを得ないと考えていたようである。幕府は、みずからのメンツを傷つけないことを何より気にしつつも、相手の要求には柔軟に対応するという外交姿勢を基本としていた。前にも書いたとおり、日本は「鎖国」してはいない。この時点では、対ロシア貿易が開かれる可能性もあったのだ。

幕命による藩主交代

このころ藩を治めていたのは、第八代藩主松前道広《みちひろ》。先代の資広《すけひろ》の長男で、明和二年（一七六五）三月十九日、資広が亡くなったのを機に藩主の座を継いだ。道広は社交性に富み、将軍実父の一橋治斉《はるなり》から伊達・島津といった大大名まで幅広いつきあいがあった。その上、兵学《へいがく》・文学に秀でた優秀な人物で、特に馬術は諸大名随一の名手といわれた。

しかしながら、優秀といっても藩主に向いているとは限らない。道広は美点以上に欠点の多い人物だった。十二歳の若さで藩主になったためか、その性質はよくいえば奔放で豪快、悪くいえば軽挙妄動《けいきょもうどう》ばかりがめだつのだ。

道広は寛政二年（一七九〇）末から三年にかけて、家老で実弟の蠣崎波響を上洛させた。これは、『夷酋列像』をもちいた一種のメディア戦略だったという説をさきに紹介した。だが、この上洛にはほかにも目的があったらしい。京都の公家とも将軍の実父とも親しかった松前道広としては、当時朝廷と幕府のあいだに横たわっていた大問題、尊号一件★を周旋しようという魂胆があったようなのだ。

だが、このような繊細かつ重大な問題に松前藩のような小藩がおせっかいを焼いたとしたら、それは身の程知らずの挙にほかならない。案の定、幕府は道広の行動を問題視した。寛政四年六月、幕府は病気を理由に道広に隠居願を出させ、さらに老中一同宛の血判誓書まで提出させた。きまじめな老中松平定信政権の時代だけあってか、まことにきびしい態度である。

こうして道広は隠居し、長男の松前章広《あきひろ》が第九代藩主に就任した。だが、奔放

松前家系図（3）

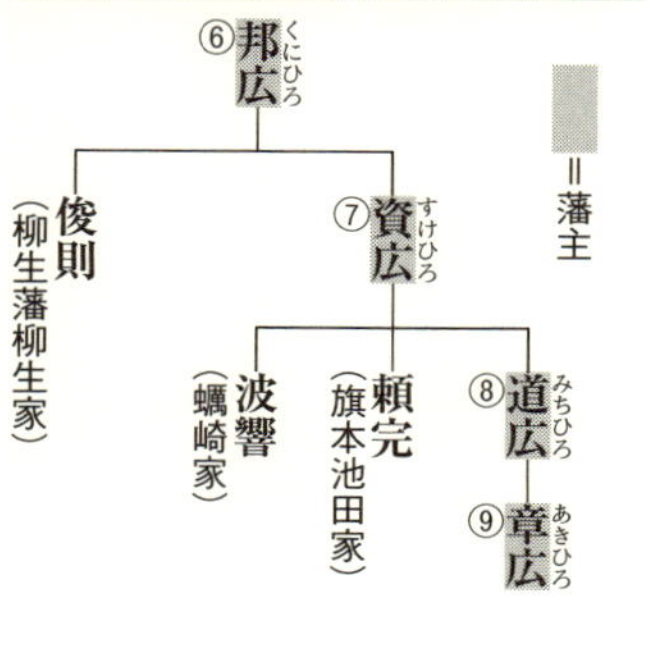

▼尊号一件
寛政年間、朝廷と幕府とのあいだで起こった紛争。光格天皇は、実父典仁親王に太上天皇の尊号を贈ろうとした（天皇に即位していない人物を天皇同様に扱おうとしたわけだ）。幕府の老中松平定信が反対したため、朝幕間は対立。幕府の強硬な態度を受け、天皇は撤回せざるを得なくなった。

な道広は隠居後も藩の実権を手放さず、また行いも改めなかった。それが、松前藩はじまって以来の危機をもたらすとも知らずに――。

松前藩の〝売国疑惑〟

内外多難になってきた松前藩は、寛政七年（一七九五）、藩主父子の文武の師として、諸学につうじた儒学者大原呑響《どんきょう》（左金吾《さきんご》）を招聘することにした。家老蠣崎波響の画業の師でもあり、おそらく波響の推薦があったのだろう。

ところが、困ったことに、はるばる京都から招いた呑響と藩主父子との関係はすぐ疎遠になってしまう。特に、ご隠居道広は楽観的で自信に満ち、呑響が富国強兵策や海防問題について論じても、まったく聞く耳を持たないのだ。

そんなさなかの寛政八年（一七九六）八月十四日、アブタ（虻田郡）ついでエトモ（室蘭市）にまたも一隻の異国船が停泊した。藩医加藤肩吾がラクスマン一行から学んだロシア語で応接に当たったところ、この船はイギリスの探検船プロヴィデンス号★と判明する。艦長は、海軍大佐ウィリアム＝ロバート＝ブロートン。薪水給与のため寄港したという。ちなみに、加藤は今回も船員たちと地図を交換するなどの交流をしている。

さて、異国船来航の知らせは道広のもとにも達した。「北門の守《も》り人」を自任

プロヴィデンス号模型
（北海道博物館提供）

▼**プロヴィデンス号**
イギリスの探検船。一七九一年イギリスで建造された輸送船だったが、のち軍艦に改造され探検船として利用された。日本来航時には船内に女性も乗り組んでいたが、彼女は江戸時代の日本を訪れた数少ない西洋の女性である。

する彼は、家臣たちの諫言《かんげん》も聞かずみずから二八〇人もの兵を率いて松前を出発する。ところが、途中で英船が退去したとの報が届き、わずか数日で引き返す羽目になってしまった。表向きは病気で隠居したことになっているにもかかわらず、道広はこれを無視して大騒ぎを演じ、しかも何も得るところがなかったのだ。軽挙というほかない。

しかも、道広はこのとき同行を願った呑響の申し出は却下している。こんなときこそ兵学につうじた呑響の出番なのだが……。呑響はこのとき、何のためにはるばる松前まで来たのかと嘆息しきりだったことだろう。

翌寛政八年七月十九日、ブロートンはより小型のプリンス＝ウィリアム＝ヘンリー号に乗り換えてふたたびエトモに来航した。さらに閏七月九日、ヘンリー号は、なんと松前沖に姿を見せ、沖合を測量しはじめたのだ。城下の人々がはじめて見る洋式帆船である。城下の面前に異国船が出現したことで、松前藩も大きな衝撃を受けたであろう。藩は守備を固め、城下には時ならぬ緊張がはしったが、さいわい船はその夜のうちに西に向かって去っていった。

たびたび現れる異国船。呑響は、だんだん疑念を深めていった。「ご隠居はロシアとつうじているのではないか」「ロシアが日本に侵攻するときは、道広が先陣をつとめるという約束がある」。巷にはさまざまな流言があった（ブロートンの船は、当時巷間ではロシア船と誤解されていた）。そして道広にただならぬ不信感を抱く呑響は、それを鵜呑みにしてしまう。

この年十月、呑響は松前を去る。呑響なりの思惑を抱いてのことであろう、彼はその後、水戸藩をつうじて幕府の老中本多忠籌《ただかず》・松平信明《のぶあきら》に松前藩の内情を暴露したのである。さらに呑響は、信明の命によって『地北寓談《ちほくぐうだん》』★を著し、松前道広がロシアに内通している疑惑やロシア人侵攻のうわさを伝え、かつ北方における防備の不足を訴えた。幕府にとっては、どれも見過ごすことのできない話である。

東蝦夷地喪失

呑響が暴露した松前藩の内情を、幕府はどのように受け止めたのだろうか。

そもそも江戸時代をつうじて幕府が恐れつづけたのは、かつての島原の乱のような異国に扇動された民衆の反乱という事態だった。クナシリ・メナシの戦いの際も、幕府の心配はアイヌが異国人と結託して蜂起したのではないかという点だった。そうした警戒心を抱いていたところに、ラクスマン・ブロートンとあいついで起こった異国人の来航である。呑響が指摘するまでもなく、すでに蝦夷地の海防問題は幕府の重要課題として浮上していたのだ。

ただし、このころ幕府内には蝦夷地問題への対応策として、大きくふたつの意

▼『地北寓談』
大原呑響が、水戸彰考館総裁立原翠軒を通じて老中松平信明に提出した。ただし、人名・地名にかんしてはすべて変名をもちいた、怪文書のような書物である。半信半疑で受け取めた者もいたことだろう。

見があった。開発論と非開発論である。両者の違いは、日本の外にありつつも幕藩体制に付属している蝦夷地という地域をどう認識するかの違いでもあった。

まず開発論は、松前藩から蝦夷地を取り上げて幕府が直轄し、積極的に開発を進めようという意見である。その前提には「蝦夷地は日本の領内なのに、異国に奪われるようなことがあったら恥辱《ちじょく》だ」という地理認識があった。蝦夷地が日本の国内であるという既成事実化を進め、異国を防ごうというわけである。

これに対し非開発論は、蝦夷地を開発せず、むしろ不毛の地のままにしておくことにより、異国の進出を防げるという考えである。こちらは、蝦夷地は日本の国制の外という点を重視したもので、また従来どおり松前藩に委任しておくのがよいという認識でもある。当時は俗に「北風や日本の火よけ蝦夷が島」という歌まで広まっており、これまた有力な意見であったが、幕府内で大勢を占めていたのは、開発論の方だった。非開発論者の松平定信が老中の座を辞すると、幕府は開発論へと徐々に舵を切っていくことになる。

こうしたなかで大原呑響が指摘したのが、例の松前藩の〝売国疑惑〟である。呑響が伝えた疑惑は巷のうわさに過ぎず、結果として事実に反していたものの（加藤肩吾が異国人に地図を渡したのは当時としては〝売国〟かもしれないが）、インパクトは十分だった。

こうして寛政十年（一七九八）、幕府は直轄開発を前提とした大規模な蝦夷地調

幕府の蝦夷地調査
（『蝦夷紀行附図』　函館市中央図書館蔵）

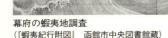

査を行うことにし、目付の渡辺久蔵、大河内善兵衛らの率いる一八〇余名もの現地調査団が派遣された。そのなかで東蝦夷地の離島の調査を担当したのは、支配勘定の役にあった秀才、近藤重蔵《じゅうぞう》である。重蔵は、幕府内における開発論の急先鋒だった。

この調査に先立って、重蔵は蝦夷地に関するあらゆる記録に目をとおし、幕府に直轄開発の提案をしていた。そのなかで彼は、「歴代将軍から松前藩に下賜された黒印状には蝦夷地の範囲が明記されておらず、松前藩は将軍から領地支配を認められていない」つまり「松前藩の蝦夷地領有には根拠がない」という事実を喝破していた。理論としては筋がとおっており、松前藩としてはまことに痛いところを突かれたかっこうである。その上、このたびの調査で千島列島を現地視察した重蔵は、ロシア人の支配の手はエトロフ島にまで伸びつつあるという衝撃の報告をもたらした。

これを受け、寛政十一年一月十六日、ついに幕府は蝦夷地の直轄支配に乗り出すことを決定した。ウラカワ（浦河郡浦川町）以東シレトコ（斜里郡斜里町）までの東蝦夷地とその属島を、七カ年のあいだ仮上知《かりあげち》（一時的に直轄化）することにしたのである（のちに箱館からウラカワまでも含める）。さらに享和二年（一八〇二）二月になると、永久的な直轄方式に方針転換した。

松前藩から見れば、これは代々領地として扱ってきた蝦夷地の半分を喪失する

エトロフ島でロシアの十字架を引き抜く誉堂龍蔵（近藤重蔵）
（『山開目黒新富士』　札幌市中央図書館蔵）

という大事件であった。

松前藩消ゆ

ラクスマン来航から十二年後、人々が忘れかけたころに彼らはやって来た。文化元年（一八〇四）九月、二度目のロシア使節ニコライ＝ペトローヴィチ＝レザーノフが信牌をもって長崎に来航し、通商を求めたのである。

ラクスマン来航の際には、松平定信をはじめとして、対ロシア貿易を容認する意見があったのは前述のとおりである。ところが、老中交代による方針の変更、海外情勢の不安定、貿易による国産品流出への恐れなどさまざまな事情が重なり、老中戸田氏教《うじのり》を中心とする幕府はこのたびのロシアの要求を却下することにした。しかも、ただ却下するのではなく、「立腹させれば、二度と来ないだろう」という浅慮《せんりょ》にはしった。幕府は新規に対外関係を結ぶことを禁じる「祖法」があると唱え（実際はそんな法はないのだが）、レザーノフの要求を完全に拒絶してしまったのである。

レザーノフは、失意のまま長崎を去った。しかし、あきらめきれないレザーノフは、武力による威嚇で日本の意思を改めさせ、対日通商を実現しようと企てた。配下の海軍士官ニコライ＝フヴォストフに対し、日本への攻撃を命じた★のである。

レザーノフ
（Командор より）

▼**日本への攻撃を命じた**
レザーノフは侍従長であるとともに、アラスカ統治をになうロシアの国策会社ロシア＝アメリカ会社の社長でもあった。会社には海軍士官を雇用できる規定があったので、これによりフヴォストフに命を下すことができたのだった。

ねらいは、守りがもっとも薄い蝦夷地であった。〝江戸の敵《かたき》を長崎で討つ〟ならぬ〝長崎の敵を蝦夷で討つ〟である。「立腹させれば、二度と来ないだろう」という幕府の判断は、完全に裏目に出たのだ。

命を受けたフヴォストフは、文化三年九月、ユノナ号でカラフト南部に来航し、クシュンコタン運上屋を襲撃。ついで翌四年四月にはエトロフ島に来航し、弘前・盛岡両藩の守備隊を撃破。さらにカラフトのルウタカやリイシリ島（利尻島）を焼き払っている。日本側で配備していた大砲のひとつは、一六一七年アムステルダム製。なんと二世紀も前のシロモノだった。これでは、日本側に勝ち目はなかっただろう。

このフヴォストフ事件は衝撃をもって伝えられ、のちに江戸では「むくりこくり★」の襲来とまでうわさされることになるのだが、この時代、そう簡単にニュースは伝わらなかった。というのも最初に襲撃を受けたのはカラフトだったが、冬の宗谷《そうや》海峡は荒れ、当時の航海技術では事実上渡海不能になるのだ。そのため事件の第一報が松前に伝えられたのは、なんと発生から半年も経った文化四年四月七日のことだった。

これだけでも驚天動地の事態である。だが、北のカラフトからフヴォストフ事件の第一報が届くのとほぼ同時に、松前藩にとってさらに衝撃的な知らせが南の江戸からも舞い込んだ。ほかでもない、松前藩が「消える」（！）という知らせ

▼むくりこくり
鬼や恐ろしいもののたとえとして使われる言葉。本来の意味は、蒙古（もうこ）襲来の記憶にもとづく「蒙古・高麗」。広島の原爆投下の際も、原爆雲は「むくりこくりの雲」と呼ばれたという。

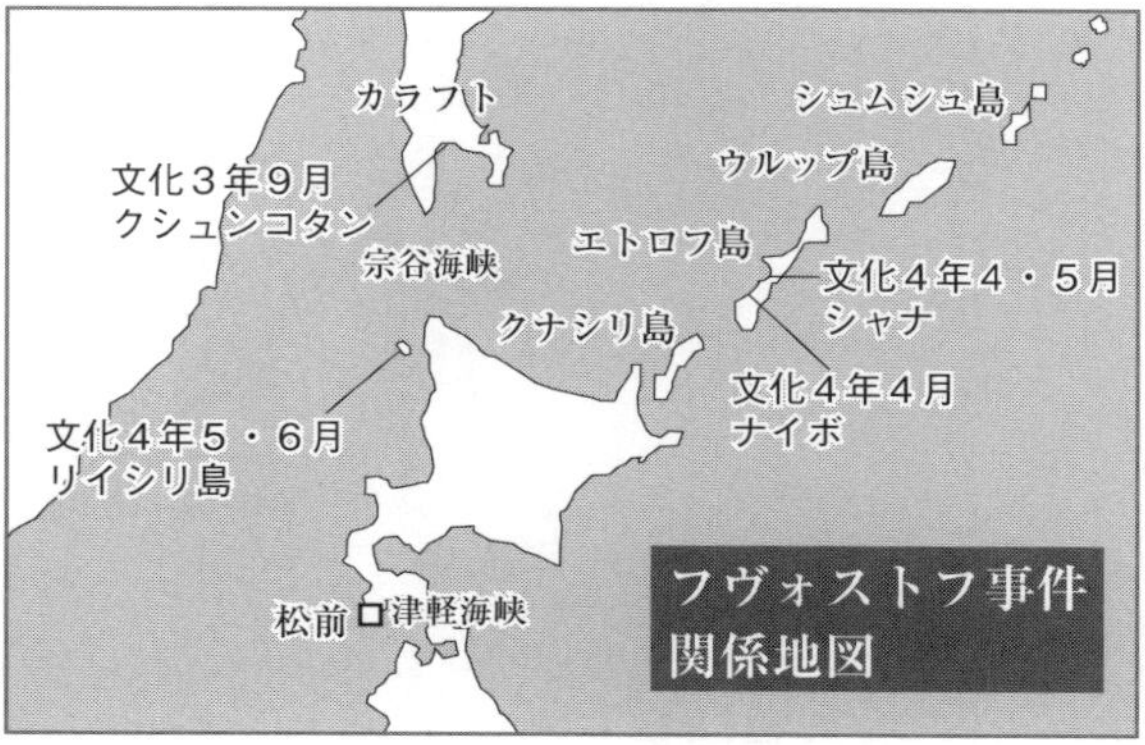

フヴォストフ事件関係地図

だった。

文化四年三月二十二日、江戸滞在中の松前章広は、老中首座松平信明《のぶあき》から幕命を伝えられた。それは、「蝦夷地は異国に隣接しており、緊迫した情勢なので、従来の東蝦夷地に加えて西蝦夷地・和人地まで含めた松前藩領をすべて取り上げ、蝦夷島と周辺の島々すべてを幕府の直轄とする、替地は追って決定する」というものであった。同時に隠居の道広は江戸での永蟄居《ちっきょ》を命じられた。

理由はさまざまであったが、要はカラフトをめぐる諸問題が主要因であったようだ。たとえば、「山丹交易のような異国交易はやはり幕府が管理すべきだ」という意見、また近藤重蔵の「清朝が勢力を拡大したあかつきにはカラフトを併呑する恐れがあるので、守りを固めるべきだ」といった指摘が力をもったとも考えられる。もちろんロシアとの関係が緊迫したことや、懲りないご隠居松前道広の行動に対する懲罰という意味もあったようだ。

いずれにせよ、ロシア人が蝦夷地各地で暴れまわるという大混乱のなか、松前藩の消滅が決定的になった。藩士たちの暗澹《あんたん》たる心境は、想像にあまりある。

ロシア人兵士（『私残記』より）

これも松前

画家としての蠣崎波響と『夷酋列像』

『夷酋列像』は、松前藩が生んだ最も著名な文化的遺産のひとつだろう。この絵を描いたのは、蠣崎波響。諱《いみな》（本名）は蠣崎広年という。第七代藩主松前資広の五男として生まれ、生後間もなく家老職が輩出する蠣崎家に養子入りした。

幼少より絵心があり、八歳のとき城内で疾走する騎馬を描いて人々を驚かせたという。同じころ、画業修行の意味もあって江戸へ出、宋紫石に師事して写生に重きを置く南蘋画《なんぴんが》を学んだ。さらに、文人で絵師の大原呑響に入門し、その号にならって波響と号したようだ。

寛政元年（一七八九）、クナシリ・メナシの戦いが起こるが、ツキノエ・イコトイら首長たちが説得に当たり、取り調べにも協力したことによって早期に収束した。藩兵は彼ら首長をしたがえて松前に凱旋したが、このとき藩は首長たちに贈り物をしてもてなし、いっぽうで今後の服従を誓わせた。このとき藩命を受けて、波響が首長たちを描いたのが『夷酋列像』である。

実は、一二名の首長を描いたこの連作のうちスケッチできたのは五名だけであり、衣装も藩が貸し出したものだった。となると、『夷酋列像』はアイヌの実像を伝える資料とはいえないだろう。

だが、絵としての評価は別だ。本作は、「辺境」の無名画家だった波響の名を一気にとどろかせることになる。重臣だった波響は、藩務のため寛政二年末から三年にかけて上洛したが、波響のたずさえた『夷酋列像』はたちまち京都の名士たちの称賛の的となった。多くの人々は、ここまでリアルなアイヌ絵を見るのははじめてだし、加えて絵師の腕も確かなものなのだ。やがて評判が評判を呼び、本作は岩倉《いわくら》家や九条《くじょう》家といった公家のあいだでも高い評価を得た。そして、とうとう『夷酋列像』は光格《こうかく》天皇の天覧という機会を得るに至った。波響はその出来に感心した天皇から硯箱を下賜される。波響もさすがに感激し、「曾経天覧（かつててんらんをへる）」という印を作って、以後しばしば用いた。

ツキノエ（『夷酋列像』より、ブザンソン美術考古博物館蔵）

天覧の栄誉は、二十八歳と若かった波響に大きな自信を与えたが、彼はそれで天狗になりはしなかった。京都画壇の大御所、円山応挙《まるやまおうきょ》に入門し、わずかな期間ではあったものの教えを乞うことができたのだ。写生画の大成者、応挙に学んだことに加え、もともと波響の精緻な画風が応挙と似ていたこともあり、波響はのちに「松前応挙」と称賛されることになる。

これも松前

ニシンふたたび「群来《くき》」る

松前名物といえば、松前漬。松前漬といえば、数の子。もちろん、ニシンの卵である。ニシンのおもな漁場は和人地の西方、特に江差が漁場として有名だった。三月から四月にかけて見られたニシンの「群来」（産卵のため、群れをなして沿岸に押し寄せること）は、江差の春の風物詩となり、その漁の活況ぶりは「江差の春は江戸にもない」といわれた。

当初ニシン漁は、丸木舟の小舟で行う小規模な漁だった。ところが、近江商人が資金を投下し、全国流通網に乗せることで、徐々に活況を呈するようになる。彼らは地元琵琶《びわ》湖《こ》の苧麻《ちょま》を用いた漁網を前貸し方式で販売し、刺網に浮きと重りを付けて海中に垂らし、この網に刺さったニシンをとるという刺網漁を普及させたのだ。江戸時代初期には、和人の集落も鮭漁の都合から河口付近にあったが、ニシン漁が発達するにつれ、集落は海岸部へと移動していった。ニシンが人々の住まいまで移動させてしまったわけだ。

とれたニシンは京都へ、さらに大坂へもたらされる。本州から安価な塩が手に入り保存がしやすくなったため、享保年間（一七一六～三六）ごろからニシンの加工技術が進歩し、製品の種類も増えてきた。松前藩から幕府への献上品のなかにも、多様なニシン製品が見られるようになる。

さらに江戸時代中期になると、西廻り航路が開かれ、また大坂周辺の綿作に肥料として利用されるようになったため、ニシンの需要と販路は飛躍的に増大した。

ニシンは、二、三〇年周期で豊凶をくり返す気まぐれ（？）な魚だったが、古河古松軒の『東遊雑記』によれば、不漁の年でもニシン漁の収入は、三四、五両に上ったという。

こうして、ニシン漁は蝦夷島の主要産業のひとつに成長した。需要にこたえるため大網をもちいた大量捕獲が行われるようになり、漁場も和人地からイシカリ辺へ、さらにカラフトへと北上していった。江戸時代後期から明治時代には、数の子が松前漬やおせち料理に欠かせないものとして定着、遠い京都では名物ニシンそばを生んだ。

ところが、大正時代に入るとニシンの水揚げ量は激減、「群来」もほとんど見られなくなってしまう。ＮＨＫ朝の連続テレビ小説『マッサン』では、「群来」を夢見て待ちつづける男が描かれていたが、実際にああいう漁師がたくさんいたことだろう。だが、人々の期待もむなしく「群来」は二度と見られず、北海道がニシン漁でさかえた時代も過去のものとなりつつあった。

ところが、二〇〇〇年代になるとふたたびニシンは増えはじめ、「群来」もたびたび見られるようになったのだ。

気まぐれなニシンのことゆえ、先のことは分からないが、ひょっとするとニシンがふたたび北海道春の風物詩に返り咲く日は遠くないかも知れない。

第四章 北門の鎖鑰《さやく》——十九世紀前期〜中期

消失の憂き目にあった松前藩は復活。小藩ながら、海防の最前線に立たされる。

◇1◇ 梁川藩主松前氏

懲罰的な転封により、陸奥国梁川に移った松前家。
梁川藩士となった家臣たちは、新天地で多くの苦難を味わう。
そうしたなかでも、父祖の地・松前に帰ることを夢見て、彼らは復領運動を展開した。

大リストラ敢行

フヴォストフ事件と蝦夷全島上知の報がほぼ同時にもたらされ、松前藩は上を下への大混乱に陥った。しかも、指導力を発揮すべき藩主の章広は江戸にある。国元の人心は騒然とし、動揺しきりだったことだろう。

転封だけが伝えられていた松前家に、移転先が伝えられたのは、文化四年（一八〇七）七月十七日のことだった。松前家は陸奥国伊達郡梁川《やながわ》（福島県伊達市梁川町周辺）九千石の地に移され、梁川藩主になるはこびとなった。梁川は、阿武隈《あぶくま》川と広瀬《ひろせ》川にはさまれた内陸の地。地名からも分かるように、ここは伊達政宗《まさむね》を出した奥州の名族伊達氏発祥の地である。

九月二十七日、家老下国季武《すえたけ》が幕府の勘定組頭男谷平蔵《おたにへいぞう》らに居城福山館を引き渡し、また十月七日にそれまで幕府領だった梁川九千石が松前家に引き継がれた。このほか、上野《こうずけ》国甘楽《かんら》郡・群馬郡、常陸《ひたち》国信太《しだ》郡・鹿島郡、下野《しもつけ》国河内郡の計九千石も与えられた。飛び地を含めて新たな石高は一万八千石である。

松前藩は一万石格の家格とはいいながら、実際には七、八万石に匹敵する実収を得ていたといわれる。その松前家が、実高わずか一万八千石に減封される事態は、家臣たちにとって死活問題であった。藩主章広は十一代将軍家斉《いえなり》に上書《じょうしょ》して、特別の恩恵を下されるよう嘆願した。しかし、転封の費用三〇〇〇両が下賜されただけ。これでは焼け石に水だった。

当時の家臣の数は、足軽まで含めて三八〇名程だった。だが、転封先の地でこれほどの家臣を養う困難は目に見えている。そこで文化五年二月十三日以降、藩は泣く泣く藩士・藩医・足軽の半数以上、二〇〇名以上を召し放つという大リストラを敢行した。また、加藤肩吾のように、才覚を買われ幕府に引き抜かれてしまう者もあった。

父祖の地を後に

のこった旧松前藩士たちは、家族をともなって梁川をめざした。だが、新天地で待っていたのは、他藩の転封時では考えられないほどの大混乱だった。梁川に

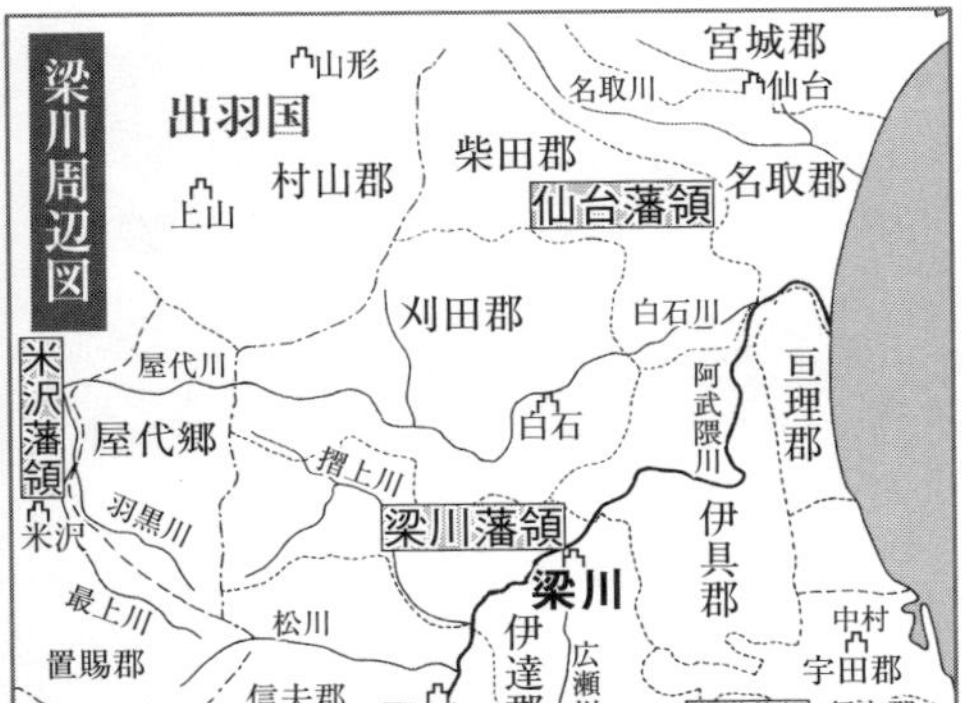

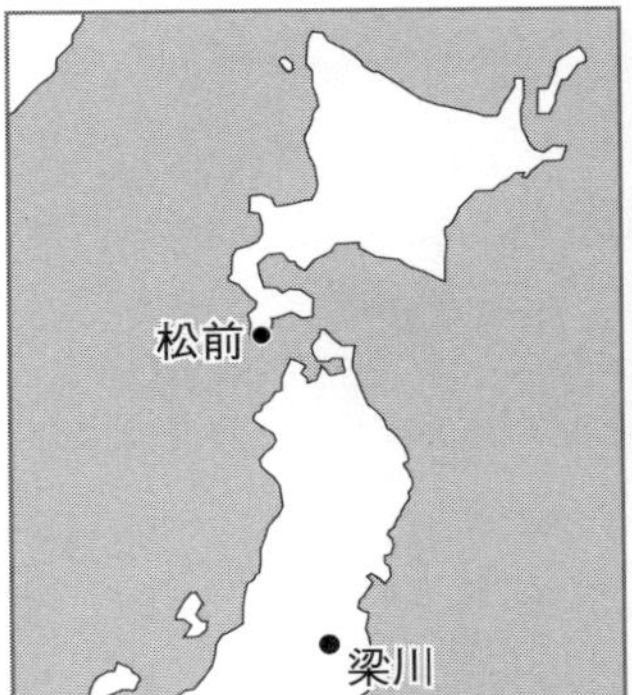

梁川藩主松前氏

は藩士たちの家もないので、緊急に屋敷を普請せねばならなかった。その数八〇〜一〇〇軒。さらに、藩庁に当てた梁川陣屋も手狭《てぜま》だったので、かつての梁川城★本丸跡に陣屋を新築・移転せねばならなかった。梁川のあちこちで槌《つち》の音が響いたことだろう。

内陸に移った以上、蝦夷地産物の交易と運上金に頼っていた藩財政も、農業主体へと転換を余儀なくされた。ところが、江戸時代が始まって二百年が過ぎたというのに、場所請負制に立脚していた松前家は、年貢米を徴収した経験がない。とにかく年貢の徴収をすませないと、藩士の禄高も決められないありさまだった。

そこで、転封が完了したばかりの文化五年（一八〇八）七月八日、家老松前鉄五郎が当面の措置として、藩士とその家族一人ひとりに米二俵ずつ支給することを決めた。そして、はじめての年貢米徴収を無事に終えたのち、翌六年二月七日に、ようやく格式におうじた禄高が発表された。二〇〇人近い家臣の扶持は容易ではなく、家老でも百五十石、一般の藩士も足軽同様の三人扶持という状況であった。

こうした混乱がひと段落し、江戸にいた藩主松前章広がはじめて梁川に国入りを果たしたのは、文化七年五月八日のことである。十日、章広は奉行たちをともなって天神社・秋葉社・天王社に参詣した。多難を予感させる雨のなかだったが、章広は藩の前途に安定をと心から神々に祈願したことだろう。

現在の梁川城本丸跡（伊達市梁川町）

ナポレオンさまさま

　このころ、主席家老の座にあったのは、蠣崎波響である。困苦のなか、松前家は波響が中心となり、父祖の地に返り咲くべく復領運動を展開した。要するに、賄賂攻勢である。しかし、その費用の捻出は容易ではなく、松前で募金運動をしたり、借上金を課したりして何とか工面していた。さらに、波響は多忙な日課を割いて絵を描き、これを売って資金に当てていたといわれる。

　復領運動の標的に定めたのは、幕府老中首座水野忠成《みずのただなり》だった。忠成は、将軍家斉のおぼえもよく、また将軍の父一橋治斉《はるなり》とも懇意で、かつ賄賂政治で知られている。章広の父道広が治斉と遊び仲間だったという事情もあり、松前氏は一橋《ひとつばし》家をつうじて水野に取り入り、復領の嘆願と賄賂を集中したのだ。転封に至った一因は道広のふるまいだったのだが、皮肉なことに、困ったときたよれるのもまた道広の幅広い人脈だった。

　ところで、松前家が去った蝦夷島では、幕府直轄の松前奉行（箱館奉行が奉行所を移転・改称）が設置され、福山館を政庁として政務に当たった（第一次幕領期）。当初は新たに一国を開くつもりで開拓を進めると宣言した幕府だったが、あまりに費用がかかるので次第に消極策に転じてしまう。ただし、警備に関しては、奥

▼梁川城
かつては伊達氏の居城であり、遅くとも室町時代の築城。伊達政宗もこの城を拠点に初陣を飾っている。なお、本丸跡には梁川小学校があったが、平成二十三年（二〇一一）の東日本大震災で建物が被災し、取り壊された（現在はさら地）。本丸跡には、東日本唯一といわれる中世庭園（復元）もある。

羽諸藩の兵四〇〇〇が蝦夷地の各地に配備されるなど、厳重そのものだった。

そのような警戒体制のなか、文化八年（一八一一）、ロシア海軍少佐ヴァシーリー＝ミハイロヴィチ＝ゴロヴニン艦長のディアナ号がクナシリ島に渡来してしまった。世界周航中のゴロヴニンらは、薪水《しんすい》の補給のため上陸したが、駐在の幕府役人たちはゴロヴニンらが来航した理由を疑い、彼らを捕縛してしまう。

その後の展開はよく知られている。エトロフ島の場所請負商人となっていた高田屋嘉兵衛がゴロヴニン釈放に協力を申し出、彼が日露両国のあいだを取り持つことで事件は解決へと向かった。その結果、ロシア側はフヴォストフ事件を国家と関係ない「海賊行為」として処理したので、松前奉行側もゴロヴニンらの釈放に同意した。こうして二年三カ月ぶりに事件が解決されたことにより、フヴォストフ事件以来の日露関係の緊張は数年ぶりに氷解したのである。

一方、西洋の情勢に目を向けると、ナポレオン率いるフランス軍が一八一二年にモスクワに進攻し、撃退はしたもののロシアはその戦後処理に忙しかった。その結果、北東アジア方面におけるロシアの動向はめだって消極的になり、ゴロヴニン事件後は日本近海に来航する船も見られなくなった。このような国際環境の変化★は、さきに触れた財政上の理由とともに、幕府が蝦夷地の直轄廃止にかたむく要因となった。松前藩にとっては、まさに〝ナポレオンさまさま〟である。

▼国際環境の変化
このころヨーロッパで起こっていたフランス革命・ナポレオン戦争という大きな変動は、長崎オランダ商館の隠ぺいによって、リアルタイムでは日本に伝わらなかった。ゴロヴニン事件解決の際、ようやくナポレオンの名が幕府役人たちに伝わった程度である。

帰りなんいざ

赤字がつづく蝦夷地の直轄経営、ロシアとの緊張緩和という要因に加え、松前家の必死の復領嘆願も功を奏したようだ。文政四年（一八二一）十二月七日、参府中の松前章広に対し、ついに幕府から旧領返還が申し渡された。幕府は和人地・蝦夷地から手を引くことを決めたのだ。その理由として、幕府直轄以来の施設によって防備体制も整い、アイヌ政策をはじめ内政も軌道に乗ったことに加え、松前家が「彼地《かのち》草創の家柄、数百年の所領」ゆえの配慮であると述べている。もっとも、この決定が松前家の賄賂攻勢の結果なのは、当時「天下周知の事実」といわれた。

こうして松前家は、十五年の歳月を経て、ついに父祖の地松前へと返り咲くことになった。一足先に上知された東蝦夷地が松前家の領地として復帰するのは、実に二十三年ぶりである。旧領復帰の報を持った急飛脚は、十二月十一日に梁川に到着。家老蠣崎波響から家中にこの吉報が伝えられた。歓喜の声に包まれた梁川藩では、すぐさま当日のうちに松前にも知らせを送った。

復領の知らせが松前に届いたのは翌文政五年正月元日の夜のことである。当然ながら、元日早々城下は大騒ぎとなった。特に場所請負商人たちは、転封後の松前家にはろくなあいさつもしなかったので、右往左往するばかりであった。もっとも、心配せずとも彼らにはさっそく松前家に恩を売る機会が訪れた。当時松前家の窮乏ははなはだしく、梁川からの移転費用などにも事欠くありさまだったので、場所請負商人に御用金の調達を求めてきたのだ。

そして三月、江戸にいた藩主松前章広は梁川から家老の蠣崎波響・松前広政らを派遣して福山館周辺の城地を受領させ、ついで蝦夷地の各場所の引き継ぎも受けた。章広以下は五月二十九日になつかしの松前へと帰着したが、十五年ぶりに帰った旧主を領民は歓呼の声で迎えたという。しかも、幕領期のあいだ不漁続きだったニシンまでもが、藩主の帰着前に豊漁となったので、領民は「殿様下れば、ニシンも下る」と喜び合った。

◇2

新生・松前藩

松前家は念願の蝦夷島復帰を果たし、松前藩がよみがえる。
だが、十五年間におよんだ幕領期に、蝦夷地の日本化は大きく進展した。
日本最大の領地をもつに至った松前藩は、広大な蝦夷地の支配・警衛体制を固めていく。

様変わりした蝦夷地

ひさしぶりに和人地・蝦夷地へ帰ることを許された松前藩だったが、十五年におよぶ幕府直轄の間に蝦夷地の統治体制は様変わりしていた。少し時間をさかのぼって、第一次幕領期における蝦夷地政策の要点を確認しておこう。

松前藩から蝦夷地を引き継いだ幕府は、蝦夷地の領土権を確保するための眼目はアイヌ政策にありとしていた。というのも、場所請負商人たちの横暴によってアイヌたちの不満が増大し、彼らがロシアに取り込まれてしまっては、領土の維持は困難になると懸念したのだ。そこで、幕府はアイヌたちをあつく保護し、ロシア人に親しまぬよう教示しようとした。

特にカラフトと千島列島では「異国境取締《とりしまり》」としてさまざまな措置が取られ

た。カラフトでは、従来アイヌが行っていた山丹《さんたん》交易を幕府直轄とし、同島南端のシラヌシを官営交易の場に設定した。いわば〝北の長崎〟である。逆に、「日本人」と位置づけられたアイヌが幕府に無断で交易するのは禁じられてしまった。カラフトまで海禁体制が敷かれたのである。

ロシア人が勢力を伸ばしつつあった千島方面では、カラフト以上の国境管理が行われた。幕府はエトロフ島を国境最前線の島と位置づけ、重点的に開拓を進めたのである。エトロフ居住のアイヌたちに「日本人」としての意識と自覚を持たせ、かつロシア人に日本の支配が浸透していることを示すため、同化政策を推進した。和人のように男性の月代や髭を剃り、まげを結《ゆ》うこと（改俗《かいぞく》）を求めたのだ。さらに有力アイヌ層については近世村落の村役人である庄屋・組頭・百姓代に任命し、地名も〇〇村と改称された。こうして広大な蝦夷地のなかで、エトロフ島だけが、異様なまでに内地によく似た体制になった。

一方、幕府はエトロフ島アイヌのウルップ島への出稼ぎや千島アイヌとの交易も禁止してしまう。その結果、千島列島のアイヌ居住地は、日露両国の支配下に分割されてしまったのだ。アイヌたちからすれば、迷惑この上ない話である。

考えてみれば、ほんの少し前まで、日本の北端とされていたのは和人地だった。松前藩はみずからの存在意義を論じる際に「北門《ほくもん》鎖鑰《さやく》」★ということばを好んで使ったが、これもアイヌを保護し従属させ、幕府を中心とした小世界につなぎとめ

▼**北門鎖鑰**
日本の北の門のカギという意味。

松本吉兵衛紀行絵巻
（北海道博物館蔵）

ているという矜持《きょうじ》を示すことばだった。しかし、幕府直轄統治によって蝦夷地の日本化が進み、蝦夷地は日本、アイヌは日本の領民であるという地理認識が徐々に浸透していった。

言い換えれば、「異域」だった蝦夷地が国内の扱いになったので、松前藩は土地の広さだけなら「加賀百万石」前田家をはるかに上回る日本最大の藩となったわけだ。だが、同時にその広大な蝦夷地を異国から守るという難題を抱えてしまったことになる。松前藩の役目を表した「北門鎖鑰」ということばも、ロシアをはじめとする異国から蝦夷地を守る、という意味にとらえ直されていった。

藩政一新

復活した松前藩では、幕府の指示もあって大いに藩政改革に取り組んだ。家臣の知行地として場所を給するのをやめ、蝦夷地全域を藩主直轄とした。場所請負制は継続したものの、商人の入札《いれふだ》によって請負商人を決める方式に変更した。

この場所請負商人からの運上金収入をもとに、藩主が藩士に金銭で俸禄を支給する方式を採用した。石高制を導入し、家老級の七百石から、侍の末席御手先組の百十石まで支給額が定められた。また、屋敷の面積も、家格・身分に応じて一定の基準を適用した。こうした措置で家臣の官僚化が進み、全体としては藩主の

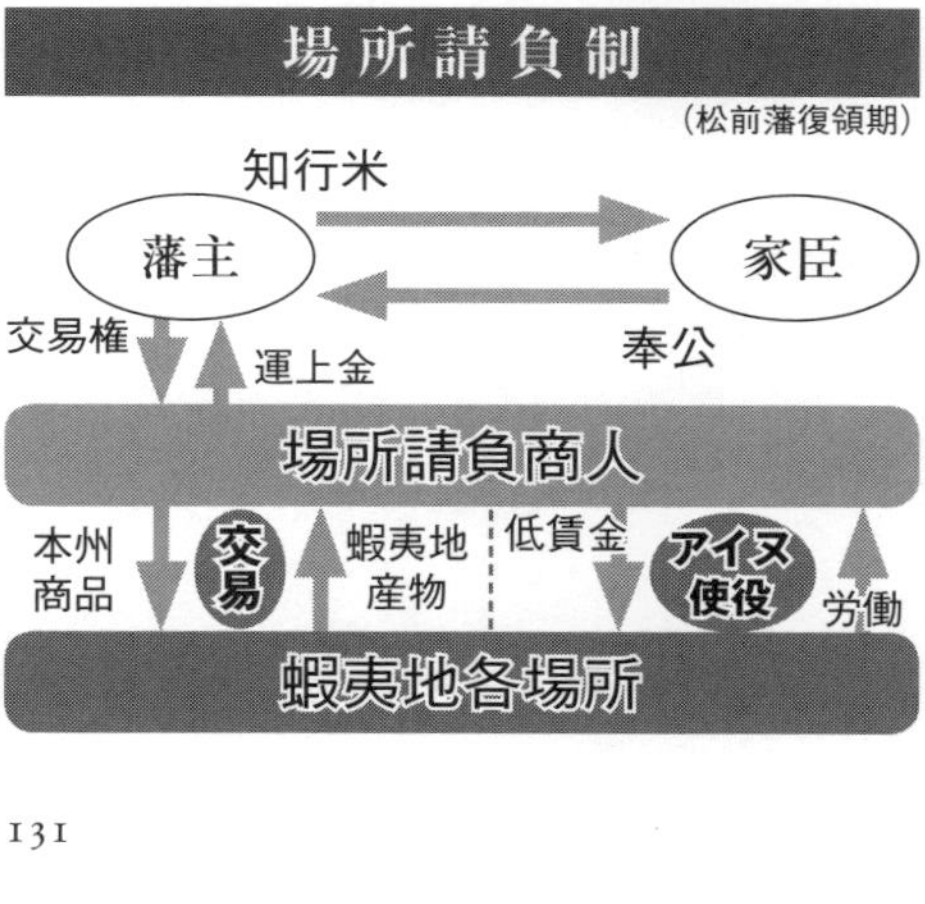

領主権が大幅に強化された。梁川時代の経験が活きたのである。

また松前藩は、幕府が期待する蝦夷地警備にも気を配り、アイヌ・和人漁民も含めた厳重な警備体制を敷いた。たとえば、松前城下には六カ所、箱館に六カ所、江差に二カ所の砲台を新たに設けた。また、東蝦夷地に八カ所、西蝦夷地に三カ所の勤番所を設け、異国船の往来を監視した。さらに、これらの勤番所では越冬して警備を行い、あわせてアイヌたちが離反しないよう場所請負商人の交易を監督した。幕領期以来の厳重な海防と、アイヌ保護の方針を松前藩も継続したのだ。とはいえ蝦夷島は約三〇〇〇キロメートルという長大な海岸線を有しているので、藩の苦労は並大抵ではなかった。

勤番の強化にともない、多数の家臣が必要になった。梁川から帰着した際は約二〇〇名であった家臣が、二年後の文政七年（一八二四）には五五六名、嘉永三年（一八五〇）には松前居住者だけで三二八八名（足軽まで含む）に増加している。当然、急激な藩士の増加は大きな財政負担になったであろう。このほか、蝦夷地においては非常時にのみ足軽として働く出稼ぎ漁民「在住足軽」を制度化した。

藩士の数がふくれ上がり、海防をはじめ専門的な業務も増えたので、官僚養成のため藩校も立ち上げた。復領間もない文政五年、松前に徽典館《きてんかん》を設置し、九歳以上の家臣子弟に入学を許したのである。学生数は約五〇〇人ほどだったという。

江戸藩邸の人数も増えたため手狭になったらしく、天保七年（一八三六）には

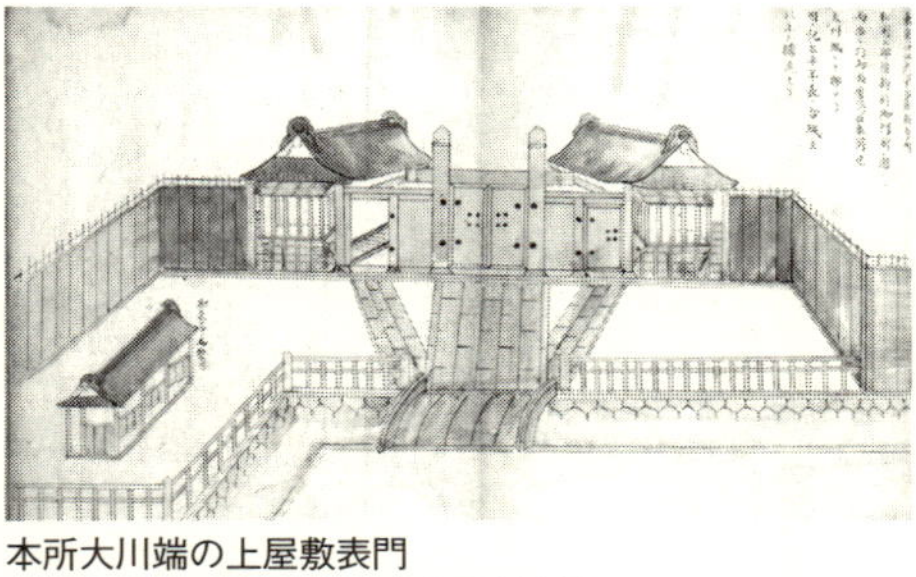

本所大川端の上屋敷表門
（『福山温故図解』　函館市中央図書館蔵）

青山に下屋敷《しも》★を拝領し、また天保十一年には上屋敷《かみ》も本所大川端《ほんじょおおかわばた》に移転した。江戸藩邸内にまで、明倫館《めいりんかん》という藩校を設立している。

大名に戻りたい

復領後の松前藩は、おおむね転封前と同じ位置づけに戻された。唯一の不満は、享保四年(一七一九)以降転封される文化四年(一八〇七)まで百年近く認められていた一万石格という公式の格式がお預けのままだったことである。復領後における松前家の位置づけは「万石以上並《まんごくいじょうなみ》」(つまり、大名並)。またしても松前藩が「藩」といえるのかどうか、不安定な状態に立ち戻ってしまったのだ。大名と旗本のあいだをフラフラしてきた松前藩にとって、これは切実な問題である。

藩主松前章広は、復領の雑務から解放されると、さっそく幕府に積極的な工作を開始した。その標的としたのは、またもや老中水野忠成である。文政九年(一八二六)十二月十一日、参勤中の章広は、水野に対し万石以上の扱いに戻してほしいと内密に願い出た。だが、その後幕府からは何の音沙汰もなかった。

ちょうど四年後の天保元年(一八三〇)十二月十一日、次の参勤の機会を利用して、章広はふたたび同じ趣旨の願書《ねがいしょ》を出した。そのなかでは、「幕領期の方針を守って警備を心がけているが、百姓やアイヌたちが松前藩の身分を軽く見てあ

▼下屋敷
江戸に藩邸が二カ所ある大名家の場合、本邸として利用されたものを上屋敷、別荘として利用されたものを下屋敷という。なお、青山の下屋敷は現在の麻布、本所大川端の上屋敷は現在の両国国技館のあたりである。

などるので心を痛めている」という理由を述べている。しかし、はたして万石以上とか以下という家格の違いを百姓やアイヌたちはそんなに重視していたのだろうか。何ともしらじらしい口実を使ったものである。

願書だけで効果がないことはすでに証明されている。そこで今度は、あわせて実弾攻撃に出た。五日後の十二月十六日、章広は幕府に金一万両を献金したい旨の願書を差し出したのだ。そのなかでは、あくまで「旧領をお返しいただいたお礼」という趣旨が強調されており、身分上昇を願っての贈賄ではないことを訴えている。しかし、これが家格上昇のための工作であることは明らかだった。要は〝一万両で一万石格を買おう〟という作戦である。

さすがに今回は反応があった。天保二年二月十五日、幕府は松前藩に対し、献金を許可する旨を伝えてきたのだ。まずは上々の手ごたえだが、ここからが大変だ。なんと、どうやって一万両を工面するか、まだ決まっていなかったのである。そこで、国元では四月十四日になって家老蠣崎内蔵広当《くらひろまさ》らが借上掛《がかり》（御用金調達チーム）を命じられ、商人・百姓たちから借上金（藩への借金）を強要していった。

そろえた上納金一万両は、十月六日、幕府に献上された。しばらくのち、藩主名代《みょうだい》として登城した藩士池田隼人《はやと》から、待ちに待った知らせが章広のもとに届いた。松前家の家格が一万石格に戻されたのだ。松前家の執念と、領民の苦労の上に獲得した勝利。松前家は、まごうことなき松前藩へと返り咲いたのである。

これも松前

江戸の文学者たちと松前藩

アイヌ社会には「犬祖説話」が伝わっていた。遠い昔、犬の神と高貴な女性の結婚によって、アイヌ民族が生まれたという伝説である（ただし、蝦夷地を訪れた和人たちはこの説話を単なるオス犬と女性との結婚に改変し、アイヌが和人より劣る証左としてこの話を広めたという）。

ところで、この「犬祖説話」から、読者のみなさんは何か別の物語を想起しないだろうか。そう、曲亭馬琴《きょくていばきん》が心血を注いだ大作『南総里見八犬伝《なんそうさとみはっけんでん》』である。実は馬琴は、松前藩の関係者からこの説話を聞いて『八犬伝』につながるインスピレーションを得た可能性があるのだ。

そもそも成熟期にあった江戸の文学界と松前藩との間には、けっこう密なつきあいがあった。たとえば、松前資清《すけきよ》（七代藩主資広の二男）である。安永九年（一七八〇）、資清は旗本池田家に養子入りし、池田頼完《よりさだ》を名乗った（以後、池田家は柳生藩柳生家とともに、松前藩の親戚として藩政を側面支援した）。やがて頼完は文芸の世界に没頭し、「松前文京」の名で戯作を、「笹葉鈴成」の名で狂歌を発表するなどして活躍。大名子弟らの文芸サークルの中心となり、文学界の「顔役」として重きをなした。

頼完はまた、当時のベストセラー作家山《さん》東京伝《とうきょうでん》のパトロンの一人でもあった。その京伝の門人というべき作家が、曲亭馬琴なのである。師の京伝との縁に加えて、長男の滝沢宗伯《そうはく》は松前藩江戸屋敷出入りの医師でもあった。馬琴も松前藩と縁の深い作家だったのである。

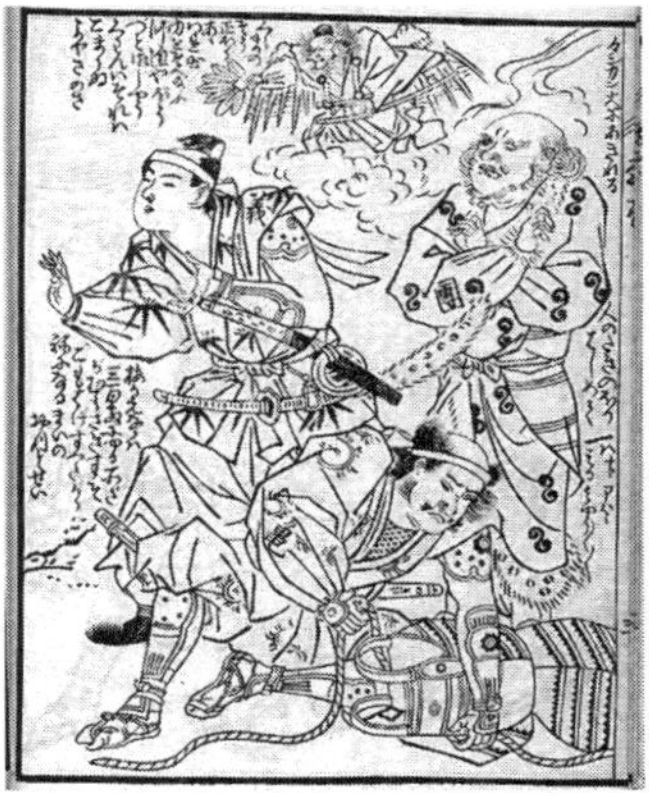

恋川春町の『悦贔屓蝦夷押領』（国立国会図書館蔵）

そんな事情から、馬琴は当時隠居して江戸にあった前藩主松前道広（頼完の兄）と親しく付き合い、『八犬伝』にも彼をモデルにした武田信昌なる名君を登場させている。ちなみに、道広は恋川春町《こいかわはるまち》の『悦《よろこん》贔《ぶひい》屓蝦夷押領《きのえぞおし》』に出てくる蝦夷シバダンカンのモデルという説もある（志摩守と道広《ドウコウ》をもじったものだろうか）。豪傑肌の道広は、藩主としては困りものだが、小説の登場人物としてはキャラが立ってよかったのかも。

文学作品のモデル探しというのは、得てして諸説紛々となるもの。道広のモデルや「犬祖説話」の件も、あくまで仮説の域を出ないようだ。だが、以上のように松前藩と江戸の文壇との間に密接なつながりがあったのも事実であり、その可能性を簡単に無視することはできないであろう。

③

転封の危機ふたたび

オーストラリアから来た一隻の捕鯨船が、松前藩と銃撃戦を展開。この事件を機に、ふたたび「松前藩から蝦夷地を取り上げるべきだ」という声が高まった。追いつめられた松前藩は、驚くべき〝捨て身の奇策〟に打って出る。

ウラヤコタンの銃撃戦

このころ日本近海では、ロシア船に代わってイギリス・フランス・アメリカの船が頻繁に現れるようになった。これらの国々がアジアに進出する動機は、対中国貿易と太平洋における捕鯨業であった。石油が商業化される以前、鯨油は欧米では重要な資源だったのである。捕鯨家たちは太平洋まで足を延ばすようになり、蝦夷地近海にも欧米の捕鯨船がたびたび出現するようになった。

そうした捕鯨船のなかでも特に大きな影響を与えた船として、オーストラリアの捕鯨船レディー＝ロウィーナ号がある。船長ボーン＝ラッセルの指揮のもと、同船は天保二年（一八三一）二月十八日、船体修理のためアッケシ場所のウラヤコタン（浜中町羨古丹付近）沖に投錨した。現地に詰めていた番人たちは、沖合に

現在の羨古丹

異国船が停泊していることに気づき、アッケシの役所に報告した。

　ところで、従来幕府は船員と住民との衝突などを回避するため、異国船に薪水・食糧を供給して帰国させる方針をとっていた。ところが、文政七年（一八二四）、水戸藩領大津浜（茨城県北茨城市大津町）にイギリス人が上陸した事件を機に、翌八年、異国船打払令《うちはらいれい》を出して、見かけしだい打ち払う方針に転じている。「日本近海に現れる異国船は商船や捕鯨船であり、撃退しても戦争には至らない」という読みがあったようだ。これを受け、松前藩も蝦夷地の各地で打ち払いの態勢を取っていたのである。

　船長のラッセルは、三十代の若い捕鯨家だった。彼も日本では外国人が許可なく上陸することは厳禁と承知していたが、「水や食料を補給するくらい許されるだろう」と楽観し、船員たちとキイタップ（霧多布）の浜辺に上陸した。ところが、このとき誤って海岸にあった漁師小屋を全焼させてしまったことで、事態は急展開する。アッケシで警備に当たっていた松前藩士たちは、これを異国人による焼き討ちととらえたのだ。勤番重役の谷梯小左衛門《たにはしこざえもん》は、戦闘準備を整えて二月二十三日にウラヤコタンに出陣。例の在住足軽やアイヌも含めて四、五〇人ほどが随行した。一方のラッセルも、日本人が自分たちに近づこうとしないのを見て、その出方を警戒し始めた。

　二月二十四日、ラッセルは日本人を脅してやろうとキイタップの浜から発砲、これを機に両者の最初の衝突がおきた。二日後にも七、八〇人の外国人が銃器を携え浜辺に上陸して銃撃戦となり、ラッセルいわく「日本人の敵対行為を罰するため」漁師小屋など浜辺にあったすべての建造物を焼き払った。死傷者こそ出なかったものの、二度の衝突では和人とアイヌひとりずつが異国船に捕らえられてしまう。

その後も異国船とのにらみ合いがつづいたが、三月四日、船体の修理が終わったレディー＝ロウィーナ号は、捕虜ふたりを釈放すると、日本側の狼狽を尻目に出帆した。十七日間にわたるにらみ合いの末の退帆だった。

この事件の第一報は、二月二十九日には松前にもたらされた。松前藩は、すぐさまこれに対応すべく、第一陣として三月一日に約二〇〇名の兵、さらに三月三日に第二陣約二五〇名の兵を送った。第一陣がアッケシに到着したとき、異国船はすでに出帆したあとだったが、念のため兵の一部は当分の間そこに駐留することにした。

ところで、異国船に一時捕らわれたアイヌの男は、解放される際、ラッセルから江戸の「エンペラー」宛の手紙を託された。その手紙は、漁師小屋を破壊した理由を正当化した上で、日本は将来の衝突を避けるためにも諸外国に対して港を開くべきだと主張するものだった。また、日本沿岸を訪れるイギリスの捕鯨船に対し、必要な補給物資を供給することも要求している。つまり開港要求である。

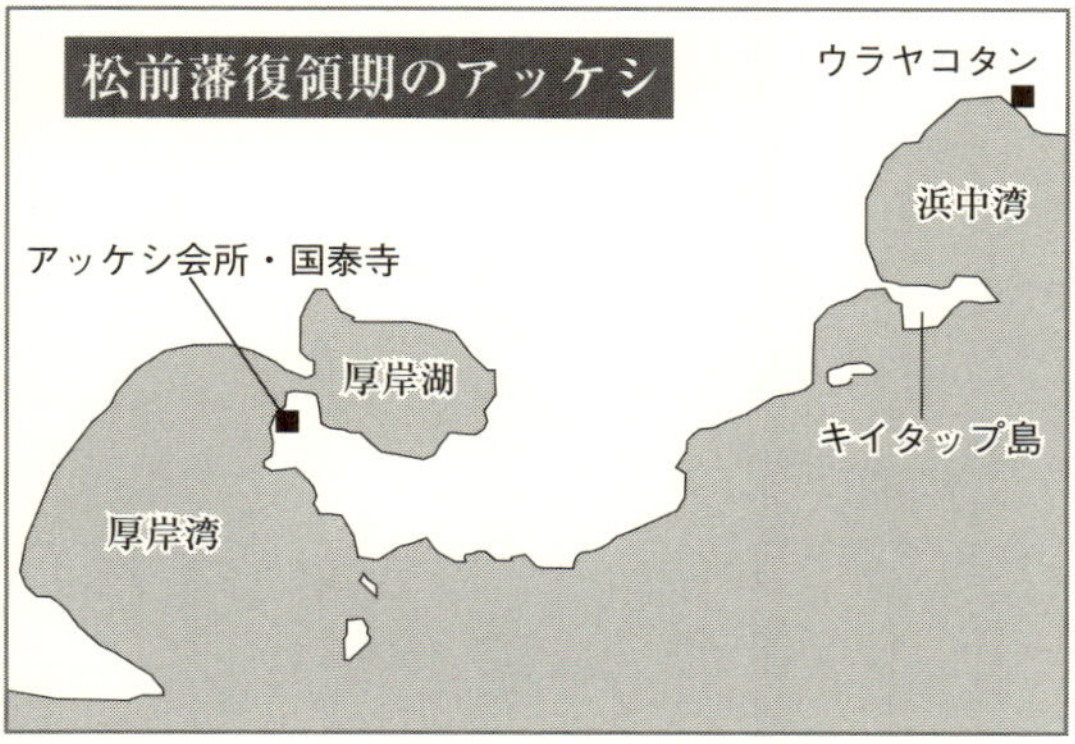

この手紙も松前に送られ、さらに松前藩は幕府にも伝達したようだが、「エンペラー」こと将軍家斉自身によって読まれた形跡はない。おそらく、無法者のたわごととして片づけられたのだろう。ラッセルの開港要求は、不発に終わったのだ。

だが、ウラヤコタンでの銃撃戦は、思わぬ波紋を起こした。幕府はこの事件を日本のメンツがおびやかされた問題として重大視し、現地調査隊を蝦夷地に送り込んできたのだ。そして、この調査隊のもたらした報告が、ふたたび蝦夷地上知論（つまり松前藩転封論）に火をつけることになるのである。

転封のうわさ

天保年間（一八三〇～一八四四）は、松前藩にとって試練のときだった。あいつぐ異国船来航が、ふたたび松前藩に蝦夷地を任せることへの疑問を引き起こすことになったのである。シャレのようだが、天保期に松前藩はふたたび転封の危機を迎えたというわけだ。

ことの発端は、天保四年七月二十五日、第九代藩主松前章広が五十九歳で病死したことにある。章広は、梁川への転封という立藩以来の危機を経験した藩主だった。すでに転封の一因をつくった前藩主道広も前年に世を去っている。彼ら藩主父子の死によってひとつの時代が過ぎ去り、そんな苦難の時代ももはや藩の歴史の一ページになろうとしていた。

しかし、感傷にひたってもいられない。あとを継ぐべき章広の長男松前見広《ちかひろ》はすでに二十二歳という若さで文政十年（一八二七）に世を去っていた。そこで、見広の子良広《よしひろ》が藩主の座を継ぐことになった。数え年で九歳、またしても松前藩に幼君が登場したのだ。なにやら嫌な予感がする展開である。

日本の北辺を守る藩主が九歳の少年では、不安視する声が出かねない。そこで、松前藩は慎重に行動した。翌五年正月、章広の死を幕府に隠したまま、「章広が病気なので、同族の旗本松前家から藩政の監督を派遣してほしい」と願い出たのだ。藩がピンチのときにたよられるのは、やはり旗本松前家である。こうしてシャクシャインの戦いで活躍した松前泰広の子孫、松前広茂《ひろしげ》が藩政の監督として松前に赴任してきた。

万事江戸の事情につうじ、旗本諸家とも親戚関係のある広茂と相談の上で、ようやく松前藩は藩主章広の死を正式に幕府に届け出た。天保五年九月二十五日のことで、実際の死から一年以上も経って、その死が公表されたことになる。こうして、良広はようやく十二月に第十代藩主に就任した。

しかし、この藩主交代劇は、三つの大きな問題を引き起こすことになる。

第一に、新藩主松前良広が幼いだけでなくきわめて病弱だったこと。江戸に参府し相続を認められたものの、良広はそのあと天然痘にかかってしまったようだ。以後は将軍に拝謁もできず、かといって国元に帰る旅も耐えられず、江戸藩邸で臥せるばかり。代わりに後見役の松前広茂が三度も松前に赴き、藩政の指揮を執るはめになった（代わりに参勤交代しているようなものである）。復領後、せっかく領主権が強化されたのに、かんじんの藩主がこれでは何の役にも立たなかった。

第二に、国元における藩主不在が長期にわたったため、藩政がふたたび家老に牛耳られたことである。特にめだったのが、章広の時代から家老をつとめつづけた松前内蔵広当《くらひろまさ》（道広の五男、章広の弟）の専横ぶりである。たとえば、天保四年に高田屋が没落★して請負場所に空きができた際、広当は昵懇《じっこん》にしていた商人藤野喜兵衛に希望の請負場所をたずね、翌日には喜兵衛の希望を実現させている（請負場所は入札で決めることになっているはずなのだが……）。広当の権勢《けんせい》と藩政腐敗のほどがうかがい知れよう。

そして第三の問題は、前藩主章広の死を伏せていることがどこからか漏れてしまい、その事情を勘ぐる向きがあったことである。藩主の死去を機に、幕府は松前藩をふたたび転封するのではないか——そんなうわさが立ちはじめたのだ。

これは、まったく根拠のないうわさではない。ウラヤコタン銃撃戦に際し、幕府は普請役河久保忠八郎らを派遣して現地調査を行っている。実はこの河久保、かつて幕領期にも蝦夷地を巡回した経験を持っていた人物なのだ。彼の見るとこ

▼高田屋が没落
高田屋は、第一次幕領期に活躍した嘉兵衛にはじまる箱館の豪商。天保四年、二代目金兵衛のとき、松前藩は高田屋がロシアと旗合わせの密約を結んでいたことなどを幕府に告発。その結果、幕府は高田屋に対して家業停止、持船没収という厳しい処分を下した。

ろ、幕領期と比べて松前藩の海防体制・アイヌ保護は大きく後退していた。そして、河久保からの指摘を受けた勘定奉行村垣定行《むらがきさだゆき》らは、再度の東蝦夷地上知を構想していたのである。

折しも松前藩が例の〝一万石格を買う〟ための一万両献金を実行したころである。老中水野忠成は、献金を受けた上、もともと松前藩委任が持論だったので、上知構想は実現には至らなかった。しかし、「松前藩に蝦夷地を任せるのは心配だ」という声は幕府内に根強く存在したのである。

そして、松前藩にとって〝天敵〟ともいうべき水戸藩は、この松前藩転封のうわさに敏感に反応した。水戸藩主徳川斉昭《なりあき》は、松前藩を押しのけ、みずからが蝦夷地を拝領することをもくろんでいたのである。

水戸黄門、蝦夷地をめざす

「水戸黄門《こうもん》海を渡る」★という映画をご存じだろうか。長谷川一夫演じる「水戸黄門」こと水戸藩主徳川光圀《みつくに》が、蝦夷地に赴いて「シャグシャイン」と松前藩との紛争を解決するという時代劇である。

荒唐無稽なはなしのように聞こえるかもしれないが、この話には元ネタがある。光圀は、元禄期（一六八八〜一七〇四）に快風丸という巨船を建造し、松前藩の反

▼「水戸黄門海を渡る」
昭和三十六年（一九六一）公開の映画。制作・配給は大映。長谷川一夫が水戸黄門・シャグシャイン（ママ）の二役、勝新太郎が格さん、市川雷蔵が助さんを演じた。江戸時代のアイヌ社会を描いたきわめてまれな映画だが、西部劇の影響が色濃く、アイヌたちが馬にまたがって登場するなど明らかな誤りも多い。

対にもかかわらず藩士を派遣してイシカリを実地調査させているのだ。映画と違い、さすがに光圀みずから蝦夷地に乗り込んだりはしなかったが、水戸藩は常に蝦夷地に大きな関心を寄せていた。大原呑響や後年の松浦武《まつうらたけ》四郎《しろう》といった松前藩に対する批判者たちも、水戸藩をバックに活動した人物だ。松前藩からすれば、水戸藩はいろいろ因縁のある相手なのである。

　時は流れて、天保期（一八三〇～一八四四）になり、徳川斉昭が水戸藩主の座に就いた。彼も権中《ごんちゅう》納言《なごん》（黄門）だったので、いわば天保期の「水戸黄門」である。こんどの「黄門」さまも蝦夷地にはなみなみならぬ関心を持っており、それは松前藩を押しのけて、みずから蝦夷地を拝領して開拓・警備にあたるという構想を抱くほどだった。斉昭といえば尊王攘夷の巨魁《きょかい》として知られる人物だが、実は「尊王攘夷よりも、焦眉の急務は蝦夷である」とつねづねいっていたという。

　斉昭は、老中水野忠邦《ただくに》に献金し、蝦夷地拝領をねばりづよく働きかける一方、みずからの開拓構想を『北方未来考』という一書に詳細に著している。その要点は、千島・カムチャツカをロシアから奪い取り、斉昭みずから蝦夷地全域を城にするつもりで防備を固め、夕張《ゆうばり》岳あたりに新たに城と城下町を築き、また女性やアイヌにまで武器を与えて海防に動員する、というものだった。近世社会のしくみを根底からひっくり返すような壮大なプランなのだが、蝦夷地の気候や財源の裏付けは考慮されておらず、「机上の空論」という表現がぴったりである。とこ

徳川斉昭と七郎麿（徳川慶喜）像
（茨城県水戸市）

ろが、斉昭は日本の国防のために立ち上がろうと大まじめだし、斉昭夫人までもが蝦夷地移住に乗り気だったという。松前藩から見れば、迷惑この上ない話だ。

一方、このころ幕府も水戸藩と違う観点からふたたび蝦夷地の動向に目を光らせつつあった。それは、以前からうわさの絶えない松前—薩摩間の抜け荷（密貿易）問題である。実は「富山の薬売り」として知られる売薬商らは北前船を使って大々的な抜け荷を行い、蝦夷地産の俵物や昆布★を大量に薩摩に持ち込んで、代わりに琉球からもたらされた中国産の薬種を購入していたのだ。

しかも幕府の情報収集機関である普請役や御庭番は、このころ場所請負商人までもが、長崎貿易の輸出品たるべき俵物を薩摩の船にひそかに売りさばいているといううわさを各地で仕入れていた。天保六年、事態を憂慮した幕府は松前・薩摩両藩に抜け荷の取り締まり強化を命じているが、その甲斐なく公然と抜け荷が行われつづけていたという。その結果、流通統制を維持するため、ふたたび幕府内で蝦夷地上知論が浮上しつつあったのである。

捨て身の〝奇策〟

水戸藩や幕府から吹き出す転封論議。松前藩としては、何らかの対応が必要なのだが、この問題とちょうど同じ時期、藩はもうひとつ難問を抱えていた。天保

▼蝦夷地産の俵物や昆布
これらの品々は薩摩から琉球にもたらされ、そこから中国にも輸出された。本来幕府の長崎貿易で独占的に輸出すべき品が奪われたかっこうであり、幕府としては大問題だったのである。なお、現在も昆布の消費量ランキングで沖縄県が全国トップクラスなのは、この抜け荷ルートのなごりだといわれている。

の大飢饉である。天保三年から十年まで（一八三二〜一八三九）全国的な凶作がつづき、対岸の弘前藩や秋田藩では数万人もの餓死者・病死者を出す事態となっていたのだ。

このときの松前藩の対応はみごとだった。近江商人や場所請負商人の流通網を駆使して、畿内から九州に至る各地ですばやく米を買い集めて領内に格安で売り、食糧の安定供給に努めた結果、餓死者もなくこの飢饉を乗り切ることができたのである。さすが〝士商兼帯〟の藩といったところだ。

ところが、ほかならぬその成功が対岸からどうにか生き延びようと松前に渡海してくる飢民たちの群れを生んでしまった。転封論議に対して、藩が何も手を打たなかった理由は不明だが、恐らく飢民への対応に忙殺されていたのもその一因だろう。

飢饉も落ち着いた天保十年六月十八日、松前藩は驚くべき〝奇策〟をもって転封論議への反撃に出る。なんと「藩主良広は家督相続以来病にかかり政務をとることもできないので、和人地・蝦夷地ともども上知されたい」という嘆願書を、親族の池田家や柳生家、★さらに同族の旗本松前家の諸家までが連名で幕府に呈上したのだ。「一所懸命」といわれる武家社会において、親戚一同そろって先祖代々の領地の返納を願い出るなど、まったく異例の珍事である。

むろん、松前藩は蝦夷地を取り上げられることなど本気で望んでいるわけでは

▼池田家や柳生家
松前藩の親族の旗本・大名である。コラム「江戸の文学者たちと松前藩」参照。

なかった。ちょうど最後の将軍徳川慶喜《よしのぶ》が大政奉還をしたときと同じく、準備もできていない相手に「どうぞ」と差し出せば、相手の方が困るに違いない、というイチかバチかの大博打だったのだろう。うまくことが運んで上知願が却下されれば、逆に幕府が松前藩に蝦夷地を改めて委任したという既成事実をつくることができるのだ。

そしてねらいどおり、松前藩はみごとこの大博打に勝利し、窮地を脱することができた。同月二十一日、幕府は良広に養子を迎えて従来どおりの支配をつづけるよう指示し、上知願いを却下したのだ。松前家は「松前蝦夷地草創の家柄」なのだから、という論理がそこに示されていた。

だが、松前藩は、あくまで急場をしのいだに過ぎなかった。その後も幕府の能吏、勘定吟味役川村修就《ながたか》が東蝦夷地上知の意見書を老中水野忠邦に提出したり、徳川斉昭が直接松前藩に西蝦夷地・カラフトの借用を申し込んで来たりと、転封をめぐる動きは後を絶たなかった。もはや蝦夷地で起こる諸問題を解決するための重要な選択肢として、松前藩転封は幕府内で当然のように取りざたされるようになっていた。転封はもはや時間の問題であり、やがて現実になるのだ。

④

〝海防城〟の城主

城主大名になるのは、松前藩累代の宿願だった。
松前藩の願いに対し、幕府は思わぬかたちで応える。
それは、異国から日本を守るための〝海防城〟を築くように、という命令だった。

狂乱の藩主・昌広

病身の藩主良広が江戸で死去したのは、松前藩が捨て身の〝奇策〟たる領地返上願を出してまもない天保十年(一八三九)八月二十四日のことだった。弱冠十七歳での早世である。良広のあとは、弟の松前昌広《まさひろ》(松前見広の二男)が養子となって第十一代藩主の座についたが、こちらも十五歳という若さであった。

松前藩は、うかうかしてはいられなかった。もはや幕府内では、常に蝦夷地上知論がくすぶっているような状況なのである。そこで新藩主となって早々の天保十一年、昌広は毎年一〇〇〇両の献上を幕府に願い出て、許可されている。ろくに財源もないのに、またしても藩を維持するために莫大な献金をつづけたのだ。そしてそのひずみは必然的に有力な場所請負商人の肩に御用金の名目でのしかかり、それに応ずることで請負商人らの勢力はますます増大した。

　このままではいけない。藩財政もかたむくし、幕府に藩政の乱れを指摘されては元も子もない。若いが利発だった昌広は、藩政改革に着手する必要を痛感した。天保十三年十二月、昌広は長年藩政を牛耳ってきた家老松前広当を退職・蟄居させ、翌十四年五月には藩政改革を宣言。倹約令を連発し、抜け荷を防止するための沖ノ口番所の改革、上書《じょうしょ》箱（目安箱）の制度の創設など、矢つぎ早に改革を実行に移した。天保の藩政改革である。

　この時期、藩主昌広を助けて活躍したのが、藩儒の山田三川《さんせん》である。三川は伊《い》勢《せ》国津（三重県津市）の出身で、幕府の昌平黌《しょうへいこう》に学んだ碩学《せきがく》であった。昌広の信頼を得て側用人と表用人とを兼務し、なおかつ藩校徽典館の督学《とくがく》（校長）を務め、さらに藩主の文学師範まで兼ねるという八面六臂の活躍ぶりであった。三川は、蝦夷地上知を画策する者（川村修就のことだろう）がいるといううわさを聞けば江戸へ情報収集に向かい、エトロフ島にアメリカ人が漂着★した際には現地調査に赴くなど、フットワークも軽かった。

　ところが、ほかならぬ藩主の存在がまたしても藩にとってのガンになりつつあった。兄と同様、昌広も病魔に苦しめられ、強度の心神耗弱《こうじゃく》の状態になってしまったのだ。発作を起こして暴れることもしばしばで、加えて酒食にふけり奢侈《しゃし》をきわめるようになった。たとえば、江戸から多額の出費をして好みの女性を呼

▼アメリカ人が漂着
弘化三年（一八四六）、アメリカ船ローレンス号がエトロフ島に漂着するという事件が起こっている。松前藩は、乗組員らを保護し、幕府に引き渡した。その後、幕府は彼らを長崎のオランダ商館経由で本国に送還した。

び寄せたかと思えば、気に入らぬと即座に送り返すといったありさまだった。さらに、参勤交代の途路、宿舎で抜刀して屛風やふすまを斬り裂いたという話まで伝わっている。

三川も黙って見ていたわけではない。妻子に遺言し、後事《こうじ》を兄に託した上で、昌広に酒をやめるよう諫言したこともあったが、激昂《げきこう》した昌広は刀を手にして怒り、三川の頭を傷つけたという。嘉永元年（一八四八）、三川はついに理由も告げられぬまま罷免され、藩を追われてしまった。讒言《ざんげん》に動かされた昌広が下した命だという。松前藩は、藩の良心ともいうべき貴重な人材を流出させてしまった。

ところが、厚かましいことに、後悔した松前藩は半年もしないうちに三川に帰参するよう働きかけてきた。三川も、昌広が彼を罷免したことを涙を流して後悔していると聞くと、帰参へと心が動いたらしい。しかし、彼の恩人・友人たちは口をそろえて反対した。板ばさみになった三川は、松前藩の接触から逃れるため、江戸を離れて隠棲してしまう。

その後、山田三川のもとには多くの藩からスカウトがあったという。水戸藩のご隠居、徳川斉昭も三川の蝦夷地問題に関する見識を高く評価し、召し抱えようとして声をかけた。というのも、三川は幕府天文台秘蔵の書まで調べ上げて蝦夷地の海防計画を練り上げていた。『有北紀聞《ゆうほくきぶん》』という著書では「清の国力が衰えた際には、ロシアがアムール川からカラフトに進出するだろう」という驚くほど的確な予見★まで記しているのだ。ところが、三川は水戸藩の誘いに応じてしまったら旧主昌広に顔向けできないとこの誘いを断っている。松前藩はつくづく惜しい人材を失ったものである。

念願の城主の座

狂乱の藩主昌広がようやく隠居したのは、嘉永二年（一八四九）五月のことだった。その子徳広《のりひろ》（のちの第十三代藩主）はまだ五歳で、多難な藩政を担うことは不可能である。そこで幕府にうかがいを立てたところ、ひとまず章広の六男崇広《たかひろ》を藩主とし、徳広が成人した際は養子に迎えて跡を継がせよ、という指示だった。

かくて七月一日、松前崇広は十二代将軍家慶《いえよし》に拝謁し、家督相続の御礼《おれい》を言《ごん》上《じょう》して第十二代藩主となった。二十一歳の新藩主である。なお、隠居した昌広は、このの ち嘉永六年八月八日に死去した。享年二十七という若さだった。

崇広は、松前藩がいただいたひさびさの「名君」だった。その活躍ぶりは幕府にも高く評価され、外様大名としては異例の活躍の場を得ることになるのだが、この点について詳しくは次章で語る。

崇広は幸運にも恵まれていた。藩主就任から間もない同月十日、老中松平乗《のり》全《やす》（前藩主昌広の義父）をつうじて命令が下された。「城持大名に格上げするの

▼驚くほど的確な予見
一八四九年、ロシア海軍少佐ゲンナジー＝イヴァノヴィチ＝ネヴェリスコイがアムール川を探検。間宮林蔵に遅れること四十年、カラフトが島であることを発見した。さらに一八五三年、陸戦隊を率いてカラフト南端のクシュンコタンに上陸、ロシア領への併合を宣言した。

松前家系図（4）

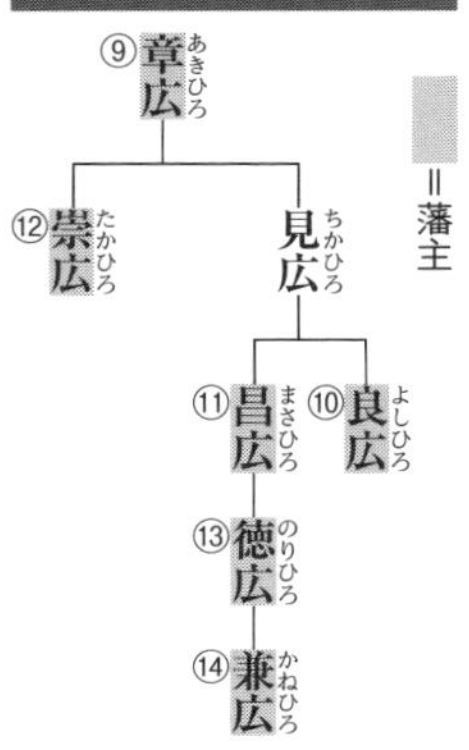

で、新しい城を築いて海防を固めよ」というのである。

福山館を「城」扱いにしてほしいというのは、松前家の長きにわたる念願であった。復領後に一万石格に格上げしてほしいと願い出たときも、同時に「城」扱いを認めてほしいと嘆願してきたくらいだ。こうした長年の運動がついに実ったのである。崇広の治世はまことに幸先よいスタートを切ったといえよう。

ところで、松前藩としては城持と認めてもらえればそれだけで十分だったのだが、このたびの幕府の命は、新しい城の築立《ちくりつ》である。実は、松前藩と同日に、五島列島（長崎県）を領する福江《ふくえ》藩にも、同様に築城が命じられている。当時、日本全国という意味で「東は松前（または蝦夷）から西は長崎まで」という表現がよく使われたが、この築城命令は当時の地理認識でいう日本の東西両端に城を築き、海防のかなめにしようという趣旨だったのだ。大名の居城であると同時に、日本の海防のかなめとなるべき〝海防城〟の築造。それを幕府は求めていたのである。

大砲を備えた城

松前藩にとって、本格的な築城ははじめての経験である。藩では当時三大兵学者のひとりに数えられた市川一学《いちかわいちがく》に設計を依頼することになった。嘉永三年（一八五〇）三月、七十八歳と高齢の一学が、息子の十郎を連れて松前にやって来た。
ところが、和人地を一巡した一学は、松前の地は狭隘《きょうあい》で築城に向いておらず、むしろ箱館に近い桔梗野《ききょうの》と大川境の庄司山への築城が最適であると進言した。たしかに、山地の多い道南にあって、箱館は唯一平野の広がる地である。かつて第六代藩主松前邦広も、藩政改革の一環としてこの地への移城を構想したことがある（実現していれば松前藩改め〝箱館藩〟になっていたところだ）。

だが、一学の箱館築城案に対し、藩士たちは強硬に反対した。松前は累代の墳墓の地であり、しかもまったく新しい土地に城だけでなく城下町まで築く資金はない、というのがその理由だった。そこで幕府の裁定を仰いだところ、幕府は松前に築城するように指示したので、結局今までの福山館を改築することに決まった。

同年六月、崇広はかつて昌広に退職させられた元家老の松前内蔵広当を復帰させ、築城総奉行に任じた。本丸御殿、太鼓櫓など旧福山館時代の使える建物はそのまま利用し、館南方の海岸崖上部分を三ノ丸として、ここには七座《しちざ》の砲台を築いた。なんと大砲を備えた城である。あわせて城下にも砲台が新設された。城中の砲台と合わせて一六砲台三三門の大砲が海に向かって配備されたことになる。

築城にあたっての最大の悩みは、やはり費用の問題だった。普段でも参勤交代など臨時の出費に事欠く松前藩に、築城資金に充てる貯えなどはまったくないのだから。そこで藩は築城の財源として、沖ノ口口銭（関税）二分を三分に値上げ

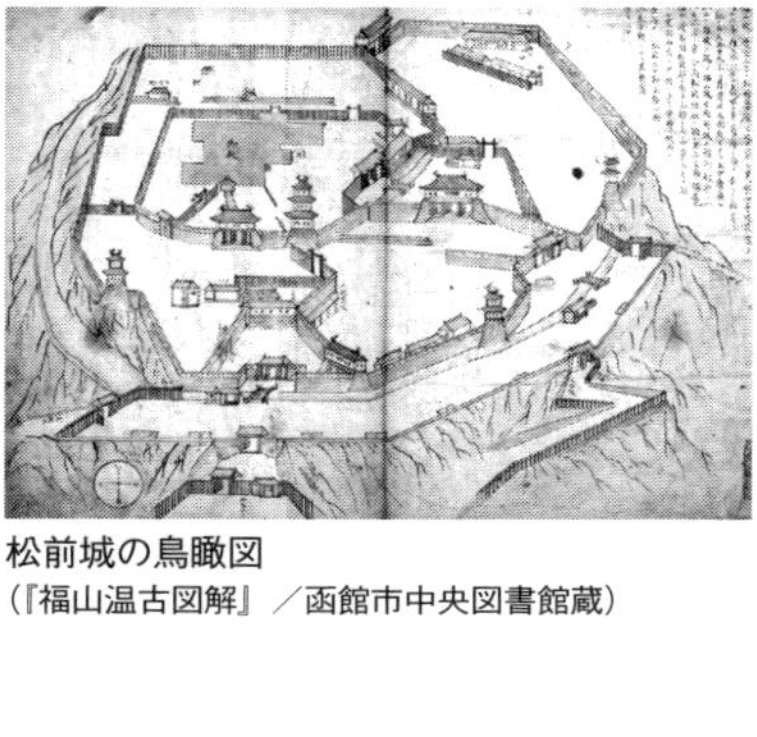

松前城の鳥瞰図
（『福山温古図解』／函館市中央図書館蔵）

し、家臣の俸禄の一割を献上させた。城下の町人たちにも寄付金を呼びかけ、金銭に余裕のない者には労力奉仕をさせるなどして、領民たちを総動員した。特に場所請負商人や問屋などの大商人や株仲間には、巨額の献金を求めた。築城に要した費用は一五万両から二〇万両にも達したといわれる。

嘉永七年（一八五四）八月には、築城総奉行の広当が没するが、家老下国季森（のちに崇教《たかのり》）がこの役目を引き継ぎ、翌九月末をもってひとまず完成した。福山館改め福山城の誕生である（もっとも、一般には松前城という名の方が有名なため、本書でもこちらの名を用いることにする）。十月末には、完成を祝う祝典が行われ、各村名主《なぬし》や年寄《としより》といった役職者や大口献金者らも招かれて、ともに新城の竣工を祝い合った。

ところで、松前城は俗に「最後の近世城郭」と呼ばれるが、明治初期まで日本各地で旧式の築城の記録があるので、これは誤りである。正確には〝天守をもつ最後の城〟というべきだろう。すでに戦争は砲戦が中心となりつつあり、天守はその標的になってしまう恐れがあるので、以後はつくられなくなるのだ。大砲を配備しながらも大砲に弱い天守をもつ松前城は、築城と戦争の形態が大きく変わりつつあった過渡期を伝える遺構として貴重なのである。その天守は、昭和二十四年（一九四九）に焼失してしまったものの、まもなく再建され、現在も松前町のシンボルとして親しまれている。

現在の松前城表門と天守（天守は復元）

これも松前

先進技術を伝えた松前藩士たち

文化四年（一八〇七）、松前家は梁川に転封され、蝦夷島は幕府直轄領となった。この間に蝦夷島でさまざまな経験を積んだのち、文政四年（一八二一）の松前家復領に際して、そのまま藩に仕官した藩士もいる。

“蝦夷地の伊能流” 今井八九郎

今井八九郎《はちくろう》は松前藩士の家に生まれたが、幕領期には梁川に行かず、松前奉行所に出仕した。その間に間宮林蔵《まみやりんぞう》と知り合い、その測量術を学ぶ機会を得た。林蔵は伊能忠《いのうただ》敬《たか》の弟子なので、八九郎は伊能の孫弟子ということになる。松前藩復領の際、八九郎は藩士に復帰した。

海防問題への取り組みが課題となった藩は、文政十一年、八九郎に蝦夷地の測量を命じた。彼は、十年もの歳月をかけて離島まで含めた広大な蝦夷地全域を測量して回り、それが済むと休む間もなく製図作業に取り掛かった。天保十二年（一八四一）、ついに『蝦夷地全図』を完成させる。

八九郎が心血を注いだこの地図は、残念ながら箱館戦争の混乱のなかで焼失してしまう。だが、控えの地図類は現存しており、その価値が評価されて国の重要文化財に指定されている。

種痘術の先駆者中川五郎治

中川五郎治《ごろうじ》は陸奥国川内村（青森県むつ市）の廻船問屋の子として生まれた。東蝦夷地が幕府直轄になったときには、エトロフ島で番人として勤務していた。ところが文化四年、ロシア海軍の襲撃を受け、シベリアへと拉致されてしまう（フヴォストフ事件）。五年後にようやく解放されると、松前奉行所の足軽に取り立てられ、復領後は松前藩に出仕した。

しかし、五郎治はただの藩士ではなかった。転んでもただでは起きぬ五郎治は、五年間のシベリア滞在中にある技術を習得していたのだ。それは、種痘《しゅとう》法。日本では防ぐ手立てのなかった、天然痘を防ぐ予防接種である。

中川五郎治の墓（函館市高龍寺）

藩内で天然痘が流行するたびに、五郎治はこの術を駆使して多くの人命を救うことに成功する。また、藩医や幾人かの人々に種痘法を伝授もした。数奇な運命にもてあそばれた五郎治だったが、逆境を乗り越えて日本の医療発展に大きな役割を果たしたのである。

これも松前

松前藩と新撰組の意外な関係

新撰組《しんせんぐみ》好きな貴方《あなた》、指折り数えてみてください。近藤勇《こんどういさみ》、土方歳三《ひじかたとしぞう》、沖田総司《おきたそうじ》……さて、永倉新八《ながくらしんぱち》の名は、何番目に挙がりましたか？

新撰組でも有数の剣の使い手として知られ、二番隊隊長として池田屋事件に参加し、その後、鳥羽伏見の戦いでも勇名を馳せた、この永倉新八という人物。NHK大河ドラマ「新選組！」で、お笑い芸人の山口智充さんの好演をご記憶されている方も多いのではないでしょうか。ただこの永倉新八、実は松前藩の出身だったことをどの位の方がご存知でしょうか。

新八、新撰組の一員となる

永倉新八は、天保十年（一八三九）、松前藩士長倉勘次の次男として生まれている。

新八が生まれたこの天保十年は、いわゆる「蛮社《ばんしゃ》の獄」が吹き荒れた年だ。もっとも本人にはなんのかかわりのない話である。ちなみに新八の〝同級生〟には維新の大立物、高杉晋作《たかすぎしんさく》がいる。

新八の出生地は松前藩上屋敷。つまり新八は松前藩士といってもお江戸の生まれである。松前のことをどれだけ知っていたか定かではない。だが幼き日より剣に関心を示した新八にとっては、剣術道場が乱立するお江戸は、まさに最高の環境だったに違いない。神道無念流《しんとうむねんりゅう》に入門した新八は、十八歳にして本目録を手にした。いかに天《てん》稟《ぴん》に恵まれていたかが知れよう。

だがこの年、新八は突如、松前藩を脱藩する。脱藩理由はいまいちわからないのだが、一言で言うと「剣術を極めたい」。まるで池波正太郎の小説を地で行くような行動である。諸国放浪を経て、近藤勇率いる天然理心流道場の食客となったことが、新八の人生を大きく変えることになる。

新八は近藤らとともに浪士組《ろうしぐみ》に参加し、新撰組結成後の働きも目覚ましく土方歳三からの信頼も厚かったようだ。しかし時代の波は新撰組を容赦なく飲み込んでいった。沖田総司は病に倒れ、近藤勇は降伏後斬首、土方が最後まで戦い続けたのはご存知の通りだ。では新八は——。

時代の生き証人として——明治・大正まで生きた新八

戊辰戦後まもなく松前藩への「帰参」を果たした新八は、大正四年（一九一五）に七十七歳でこの世を去るまで、安住の地と定めた北海道小樽で半世紀近い時を過ごした。

新八は明治政府からみれば、憎き新撰組の「残党」だった。後に杉村義衛と改名したのも、こうした過去が関係していたのかもしれない。だが明治・大正を生きた新八はまさに新撰組の実態を知る、貴重な「時代の生き証人」だった。

新撰組のエピソードが現代にまで伝わり、多くの歴史ファンが愛好できるのは新八のおかげでもある——ときには、そうした側面から新八を眺めてみてはいかがだろうか？

これも松前

五稜郭と戸切地陣屋

五稜郭

正式名称、亀田《かめだ》御役所土塁。幕末維新期の洋学者、武田《たけだ》斐三郎《あやさぶろう》の手によって建造された、西洋城郭のひとつである。十六世紀ころ、欧州で全盛期を迎えていた稜《りょう》堡《ほ》式《しき》城郭だが、日本にこれが導入されたのは近世末期、間もなく幕末を迎えようかという段階だった。

五稜郭の魅力といえばやはり、それまでの日本のお城とはまったく違う「星型」という形状にあろう。だが榎本武揚や土方歳三など、幕末の英雄たちの悲劇という「物語性」が付与されたことも、多くの歴史ファンを惹き付ける要因となっているのも事実だ。

ところでこの五稜郭、松前藩の城だと思っている方が存外多いのだが、五稜郭は箱館近辺が上知された後に、幕府が建設したものである。つまり五稜郭は幕府の持ち城であって、平たくいえば、松前藩と五稜郭はなんの関係もない。

戸切地陣屋

五稜郭は「最初の西洋式城郭」という説明をよく目にするが、これは誤りである。なぜなら五稜郭よりも早い時期に建造された、日本初の西洋式城郭が存在するからだ。その名も戸切地陣屋《へきりちじんや》という。

戸切地陣屋は、松前藩が建造した稜堡《りょうほ》式《しき》城郭である（戸切地陣屋は四つの稜堡から成るため「四稜郭」といえないこともない）。

これら稜堡式城郭はしばしば「亀が首を伸ばした形」といわれる。五稜郭本体が亀の体で正門から「にゅっ」と突き出る半月《はんげつ》堡《ほ》が「頭」というわけだ。もちろんこの半月堡はただの飾りではない。城郭本体を防衛するための外防壁であり、射線上の死角をなくし、敵歩兵に対し火線を集中させるための重要な構造物でもある。設計思想上、半月堡は幾層にもわたって増殖していくので、上空から眺めると、その広がりがあたかも星型のようにみえるのだ（ちなみに戸切地陣屋には半月堡っぽい稜堡があるだけだ）。（一八四頁参照）

誰がつくったのか？

戸切地陣屋が建造された直接的な理由は、箱館の開港である。幕府は、箱館開港にあたって七重浜から木古内に至る地域の警備を松前藩に命じている。この任務に対応するため、松前藩は箱館湾を一望できる内陸の丘地に陣屋を築き、砲座を据え付け、海への備えとしたのである。この丘地こそ、かつて軍学者市川一学が、松前城建造の候補地として勧めた場所でもあった。

ところでこの戸切地陣屋、洋学者佐久間象山門下で学んだという松前藩士、藤原主《ふじわらしゅ》馬《め》が築造したともいわれている。だがじつは、いまだ確実な証拠はない。というわけで日本発の西洋式城郭は、現時点に至るも設計者が不明なままなのである。いつかこの謎、解明される日が来るのだろうか。

第五章 幕末維新期の松前藩
——十九世紀後期

父祖の地松前が戦場に！　怒濤の時代を生きた松前藩の行末——。

①ペリー来航と松前藩

実はペリーは箱館を訪れていた。
松前勘解由の「コンニャク問答」とペリーの苛立ち。
箱館開港の波紋！　再び蝦夷地を上知される松前藩——。

「鎖国」にまつわる言説

日本の歴史上、ペリー来航という出来事をどう位置づけるかは、じつはけっこうな難問である。もちろん重大事であることは誰も否定できないのだが、問題は捉え方が人によって、また時代によって、まったく異なるためだ。

たった四杯《しはい》の上喜撰《じょうきせん》（＝蒸気船）で、泰平の眠りを覚まされて夜も眠れなくなった……。昭和後期に学校教育を受けた方なら、こうした黒船来航にまつわる物語をあるいはご記憶かもしれない。要するに、黒船＝外圧によって日本は「鎖国」による泰平の夢から目覚めた、という筋立てなのだが、じつは近年の研究では、もうこれは事実ではないという説が主流になっている。第一、「鎖国」という概念自体が最近はかなり「怪しい」とされていて、学術的な研究書や、子供たちが使う学校教科書からは確実に消えつつある（本書では説明の便宜上、カッコ付きで「鎖国」と記述しているが）。

実際のところ、江戸時代の日本には、外国（清・朝鮮・琉球・オランダなど）とのあいだをむすぶいくつかの（出入）口があいていて、その口を通して、日本と異国・異域との関係が成立していた（歴史学的には「四つの口」と呼ばれる）。つまり、そもそも日本は「国を鎖《とざ》していない」ということになるのだ。

また幕府当局にしても、ペリーの来航を「ただ慌てふためいて」迎えたわけでもない。そもそも幕府は、それなりの対外情報収集能力《インテリジェンス》を有しており（上層部がその情報を活かせたかどうかは別だが）、「ペリーが日本に来る」ことを一年も前から知っていたのだ。だから幕府は、ペリー来航という事実そのものについて、さほど驚いてはいなかった（面倒なことになったなあ、とは思っただろうが）。

もっとも、為政者《いせいしゃ》と庶民の反応がまったく別ものであるのは、今も昔も変わらない。なにより幕府自身、自らが有する対外情報をひろく世間に公開していたわけではもちろんなかったので、何も知らされていない庶民が、ペリー来航によって一種の「パニック」に陥ったのは自然な現象ではあったのだ。そして国内がこうした混乱のなか、日米和親条約が締結されるのである。

嘉永七年（一八五四）、ペリー来航から一年後の出来事だった。

外圧そしてふたたびの上知

　ところで、江戸から遠く離れた松前藩は、ペリーの来航をどのように捉えていたのだろう。

　そもそも必死の復領運動の末、松前に帰り着いてから三十余年。松前藩は、幕府の目をかなり意識しながら蝦夷地支配を行っていた。★いうまでもなく、忌まわしき、かつての第一次幕領期★のごとき状況に二度と陥らぬためである。その意味で、松前藩もペリー来航という事態を「遠い江戸の話＝自分たちとは無関係」と楽観してはいなかったかもしれない。しかし、まさかの箱館開港という事態を、そしてふたたびの上知という状況まで、はたして松前藩は想像していただろうか——。

　嘉永七年（一八五四）★六月二十六日、幕府は箱館の開港に備え、箱館奉行の再設置と箱館周辺（五里ないし六里四方）の地を、松前藩から上知すると決めた。

　ところで、なぜ箱館が開港地に選ばれたかといえば、その理由は、日本近海で操業するアメリカ捕鯨船の薪水《しんすい》、食料、石炭などの補給地として箱館が最適とされたためであった。松前藩にとってはいい迷惑であったろうが。

　また同じころ、幕府は長崎に来航したロシア使節エフィーミー＝ヴァシリエ

▼幕府は復領後も、幾度となく蝦夷地に目付や密偵を送り込み、監視を続けていた。
▼第一次幕領期　本書四章を参照のこと。
▼一八五四年十一月二十七日、元号が嘉永から安政に改められている。

ヴィチ＝プチャーチンから突きつけられた難題に苦慮していた。プチャーチンは、カラフトおよび千島列島の帰属問題、いわゆる国境問題を提起《ていき》してきたのである。このときの幕府とプチャーチンの激しい交渉過程は、松前藩には関わりのないことであったが、何にせよ領土的野心をむき出しにしてきたロシアは、もはや幕府にとって現実的な脅威となっていた。日露の領土問題の係争地となった蝦夷地を松前藩に任せておくことは国防の見地《けんち》からもできなかった。

こうして、安政二年（一八五五）二月、幕府は乙部村★以北・木古内《きこない》村★以東の和人地★、そして蝦夷地全域の上知を決定したのだった。

つまり松前藩は、ふたたび蝦夷地全域の支配権を喪失した上に、江差・松前とその周辺に領地を限定させられてしまったのである。いわゆる第二次幕領期と呼ばれる時代のはじまりであった。以後、松前藩は蝦夷地の支配権を取り戻せぬまま、明治維新を迎えることになる。

第二次幕領期と松前藩

幕府が下した上知の決定は、松前藩にとってはもちろん大きな衝撃であった。しかし、このとき幕府が松前藩に示した「条件」は、半世紀前の上知のときとは、だいぶ内容が異なっていた。

▼乙部村
北海道爾志郡乙部町。

▼木古内村
北海道上磯郡木古内町。

▼和人地
近世北方地域における地域区分のひとつ。時期によって範囲は異なるが、基本的にはアイヌ民族が居住する「蝦夷地」に対し、和人が居住する「和人地」（主に渡島半島南部）を指してもちいられる。松前地ともいわれる。

少なくとも、先の上知と比べると、幕府の処置はかなり松前藩にとって微温的なものであった。蝦夷地全域がごっそり幕府に取り上げられた点は第一次幕領期のときと同様だが、しかし今回は、父祖の地である松前周辺はそのまま松前藩のものとされている。また場所請負制などの慣行や、蝦夷地産物の取引に関する松前藩の管理権はほぼ据え置かれていた。つまり蝦夷地における松前藩の特権は、ある程度残されていたのである。

しかもこのときの幕府は、上知への「堪忍料」も手厚く用意していた。かつての所領、陸奥国伊達郡梁川★と出羽《でわ》国村山郡東根《ひがしね》★（合計約三万石）を新たに松前藩に与えたのである。また出羽国村山郡尾花沢《おばなざわ》★（一万四千石）を預地《あずかりち》★とし（一部が手数料として松前藩の収入となる）、さらに箱館開港の手当金《てあてきん》として、年額一万八〇〇〇両の「現金支給」を保障していたのだ。

この上知によって松前藩の収支が悪化し藩財政がかたむいた、といった見解はよくみられる。しかしそもそも松前藩の財政赤字は今に始まったことではないことも忘れてはならない（藩財政の慢性赤字ゆえに、アイヌに対する収奪という手段を選んだのは百年以上も前のことである。いわば赤字が「日常」だったのだ）。一方で蝦夷地支配のために必要なコストが上知によって結果的に削減されたことは、藩財政の収支という点においてはプラスに作用するわけで、つまり松前藩が蝦夷地を切り離す（される）ということは、一面では「不採算事業の整理」という効果がもた

▼**陸奥国伊達郡梁川**
福島県梁川町。

▼**出羽国村山郡東根**
山形県東根市。

▼**出羽国村山郡尾花沢**
山形県尾花沢市。

▼**預地**
幕領地のうち、大名等に統治を代行させた土地のこと。収入の多くは幕府の米蔵に納められたが、一部は手数料として預けられた藩に与えられた。

らされるのである。しかも松前藩は、結果的に三万石格という家格の大名家に昇っている。これとてもあくまで結果的にではあるが、松前藩はペリー来航によって加増された珍しい外様大名なのだ。

こうした点を考え合わせると、このときの上知は――もちろん心情的には辛かったであろうが――少なくとも第一次幕領期のときとは、実情が大きく異なっていることは確かである。

松前勘解由の「コンニャク問答」

ここでペリーと松前藩の直接的な関係についても触れておこう。

横浜で日米和親条約の締結という大仕事を終えたペリーは、帰国の途上、箱館に寄港する。しかしこのとき、ペリーと応対出来る立場の幕府役人は箱館に駐在していなかった。あまり知られていないのだが、このときペリーの応対をしていたのが松前藩だったのである。

松前藩代表としてペリーの応対を行ったのが、当時、家老の職にあった松前勘《か》解《げ》由《ゆ》（崇効《たかのり》）という人物である。ペリーは勘解由に対しさまざまな要求を行ってきたが、その多くは、日米和親条約の規定を超える要求であった。要するにペリーは「知らぬ顔」で松前藩に要求を突きつけていたのだ。しかし松前藩は条約の詳細をまだ幕府から知らされていなかった。

そこで勘解由は、のちに「松前勘解由のコンニャク問答」と称される手に出た。それは、「肯定も否定もせず、かといって決して相手に言質は与えず、つかみどころのない発言を左右あれこれ繰り返す」という、現代の政治家にまで受けつがれる、日本の「伝統的」異文化コミュニケーションだった。

一方、「コンニャク問答」に巻きこまれた側のペリーは、「勘解由は明らかに無気力の男で、なにか責任をとることを恐れているにもかかわらず、すべての拒否を、穏便にあたかも私どもに同意さすことを望んでいたらしかった」と嫌味たっぷりに書き残している。案外、ペリーのような業腹な人物に対しては、この「勘解由方式」が効果的なやり方なのかもしれない。

しかし正直、現代の我々からすれば「コンニャク問答」といわれても、あまり褒められている感じがしないのだが、この勘解由の応対はなんと幕閣の耳にまで達し、徳川家定《いえさだ》（第十三代将軍）からは紋付時服を、藩主松前崇広からは刀などを褒美として賜《たまわ》っているのだ。なんとも不思議な話である。

ところで、こうして考えると、ペリーは近代以前の箱館の地を踏んでいる、数少ない外国人の一人ということになる。その意味でペリーは、北海道と縁のある人物といえるかもしれない。いいすぎだろうか（ペリーにしてみれば、あまり良い思い出ではなかったかもしれないが）。

箱館におけるペリーと松前勘解由との会談
（『日本遠征記』より）

② 松前崇広、幕府老中に就任す

異例中の異例。まさに幕末の動乱がなせるワザか。
外様大名の「部屋住み」という境遇から、幕府老中にまで登り詰めた松前崇広。
幕府の威勢が日を追って傾くなか、幕政に飛び込み、必死で時代に抗った崇広の人物像とは——。

「部屋住み」という境遇から

幕末の松前藩を語るうえで、松前藩第十二代藩主の松前崇広について触れないわけにはいかない。

嘉永二年（一八四九）、崇広は、二十一歳で藩主となっている。ここだけ見ると、一見、順風満帆に思えるが、実はこの崇広、本来ならば藩主になれるはずのなかった境遇の人物なのである。

いくつもの例外はあるが、江戸時代の武家社会では、基本的に長幼《ちょうよう》の順が重要視される。そのため後継者の第一選択はやはり当主の長男と認識されるのが通例なのだ。一方、江戸時代は現代からは想像もできないほど子沢山《だくさん》の社会である。大名家であれば子供の数が一〇人を越えることも決して珍しくない（幼少期の夭折が多い、という事情もある)。だが、めでたく藩主となれるのは、そのうちたったの一名。つまり後継者を除いた男子は、万が一後継者になにかあった場合の、平たく言えば「保険」なのである。

よほどの大藩《たいはん》でもない限り、なかなか独立などさせられるものではない。運よく他家から養子の話でも転がり込んでくればラッキーだが、そうでなければ「タダ飯ぐらいの居候《いそうろう》」の人生を送るよりない。そんな彼らを、いつしか世間は「部屋住み」と称した。言いえて妙《みょう》というべきか、彼らは「いつか出番が回ってくるかもしれない」可能性を胸に、一家の居候として生きつづける運命《さだめ》となっていたのである。

もちろん江戸時代を通じて、「部屋住み」の境遇から藩主となった人物はそれなりに多いことも確かだ。もっとも有名な例は、四男坊に生まれながら徳川御三家の紀伊藩主となり、その後、征夷大将軍にまで登りつめた徳川吉宗であろう。現在では〝暴れん坊将軍〟としてお馴染み？　の人物である。もう一人挙げておく。井伊直中《なおなか》の十四男(！)として生まれた彼は、普通に考えれば藩主になるのはまず絶望的であった。しかしいくつもの「奇跡」が連発し、彼は兄の後継として彦根藩主に就任する。「部屋住み」の頃は、離れに住まいお茶と歌道、能をたしなんでいたことから家中で「茶歌鼓《ちゃかぽん》」とあだなされていたその人物こそ、幕末の激動期に大老として独裁的強権を振るった井伊直弼《なおすけ》その人である。

この井伊直弼という人物は、一般的にはたいそう評判が悪いが馬鹿ではない。むしろとても教養豊かな人物でもあった。なにしろ「部屋住み」である。時間だけはたくさんあったので、ひたすら勉学に努め教養を深めた結果、様々な知見を身につけることができたというわけだ。井伊直弼の生涯を眺めていると、人間やはり境遇を嘆いているばかりでは駄目なのだな、という思いを抱くのだが、実は松前崇広という人物、この井伊直弼と意外と似通った部分が多いのである。

崇広の藩政改革

崇広は、文政十二年（一八二九）、第九代藩主、松前章広の六男として生まれている。まずもって、「部屋住み」として一生を送る可能性が高いスタートラインである。だがこの崇広は、幼少期より文武に秀でた人物であった。長じるに従い、江戸藩邸で長屋暮らし（自炊生活を送っていたという）をしながら、詩歌《しいか》、国文、書、兵学、乗馬、刀槍のほか、洋学（西洋史、舎密《せいみ》〔化学〕、科学、英語など）などの文武諸学の研鑽に励んだという。

後世、その資質をして「教養と自負さらには、持前の豪腹果断」と評され、さらに長屋で暮らしていたため、下々の暮らしにも通じていた。こんなエピソードまで付いて来ると、いよいよリアル〝暴れん坊将軍〟めいてくる。もちろん学

松前崇広（函館市中央図書館蔵）

問的には、崇広にまつわる「伝説」の信憑性《しんぴょうせい》についての検証が求められようが、ここでは、崇広はそこらのお坊ちゃん大名と「お育ち」からして違っていた、という事実が確認できれば十分である。

当時の松前藩は病弱の藩主に代わって、重臣たちが藩政を行っていたが、その結果「佞臣《ねいしん》が跋渉《ばっしょう》し綱紀は紊乱《びんらん》し、諸事弛んだ状況」に陥っていたらしい。そんななか藩主となった崇広は、藩政の改革に乗り出すのである。

崇広の改革はまず、人事面の刷新から始まった。嘉永二年（一八四九）には藩校徽典館の教授に若手を採用することで人材登用の道を鮮明に示し、さらに能力に秀でたものであれば積極的に新規に召し抱えたのである。家柄はあまり高くなくとも有能な家臣を重用する一方、家老の降格という処分も断行している。これまでの松前藩の慣例からはありえない、崇広の行動であった。

一方、嘉永三年には周辺事態に対応するための〝即応部隊〟を新設するなど軍制面についても改革に乗り出している（崇広の軍制改革の正しさは、ペリーの箱館来航時やロシアのカラフト進出の際、証明されることになる）。

また崇広は、積極的に洋学を藩に取り入れるよう努めた。西洋式兵学にもとづく軍事教練場として威遠館《いえんかん》を設置し、さらに有望な藩士を江川《えがわ》太郎左衛門《たろうざえもん》英龍《ひでたつ》や佐久間《さくま》象山《しょうざん》など、当代一流とされた洋学者たちの門下に送り込んでいる。すなわち崇広は、藩士に最新の洋学を学ばせ、そこで得られた新たな知見を、藩の政治に反映させるように図ったのだった。また崇広自身、最新の海外知識を知るうち、単純な攘夷思想から自由になっていたのである。

崇広、幕閣の一員となる

こうしたなか、崇広は幕府から呼び出しを受ける。

文久三年（一八六三）四月二十八日、崇広が江戸城に登城すると、突如、老中筆頭松平豊前《ぶぜん》守信義《のぶよし》（丹波亀山五万石）より、寺社奉行に任ずるという十四代将軍家茂《いえもち》の命令を伝えられたのだった。崇広はいかなる思いだっただろうか。

寺社奉行とは、全国の寺社を管轄し、なおかつ幕府の意思決定機関、評定所の中心となった重職である。一介の外様大名でしかない松前家にとっては、文字通り異例の人事であった。なぜ崇広が異例の幕閣入りを果たしたのか、それについては諸説あり、いまだ決定的な証拠はない。だが崇広が、①現状では攘夷はとうてい不可能である、②外国と対等な力量を持つまで攘夷は控え、まずは開港によって国力を高めることに専念すべき。このように明言していたことが考慮されての人事であったと考えられる。

もっとも崇広の寺社奉行就任については、費用がかさむ等の理由で藩内からも反対が多かった。そのためか、わずか三カ月余で崇広は辞任を申し出ている。

だが翌元治元年（一八六四）二月、家茂からの外交諮詢《しじゅん》に対しふたたび「攘夷は不可能、開港をすすめるべき」と明確に奉答したことが評価され、同年七月、幕府は崇広を老中格とし、さらに兼任として幕府陸海軍の総奉行に任命される。こうして崇広は禁門《きんもん》の変以後、明確に幕府の敵《かたき》となった長州藩の征討軍を一橋慶喜と連携しつつ差配する立場となったのである。

崇広が正式に老中に任じられたのは同年十一月十日のことである。いうまでもなく老中は幕閣における常設ポストの最上位である（大老は非常設）。だからこそ老中は、徳川累代の譜代大名家から登用されるのが慣例であった。★願譜代《ねがいふだい》★を除けば老中まで登りつめた外様大名というのは、おそらく崇広の他に例がない。まさに乱世のなせる業であったのだ。

崇広の失脚、そして

一方、崇広はというと、幕府の権威を取り戻すため、長州征伐は何としても行うべきと考えていたようである。そのため崇広は、長州征伐の際には幕府軍の代表（軍監）としてその先頭に立った。

また崇広は、安政五カ国条約に基づく兵庫開港に対する処置を同時にすすめていた。かねてより開港推進論者であった崇広にとって、これは単純な条約義務の

▼
幕末期にはこうした人事上の慣例が維持困難に陥ったため、有馬道純（みちずみ。越前丸岡藩主）のように外様大名から老中格に登用された例が散見される。

▼願譜代
外様大名が願い出て譜代大名の扱いとなった者。おもに譜代大名の血筋の者が外様大名の家を継ぎ、幕閣において長年の功績を立てるなどした場合、この扱いとなる。

履行という以上の意味があったと思われる。だが皮肉なことに、崇広が幕勢回復のためすすめたこれらふたつの施策が、崇広の首を絞める結果となった。

安政五年（一八五八）に幕府が締結した安政五カ国条約の規定に基づき、兵庫は開港される予定だったのだが、孝明《こうめい》天皇が断固として反対したため勅許《ちょっきょ》が降りず、実行することができなかった。そうしたなか、しびれをきらしたイギリス、フランス、アメリカ、オランダ四カ国による兵庫への軍艦乗り入れ、いわゆる兵庫開港要求事件が勃発したのである。慶応元年（一八六五）九月のことだった。

四カ国は、兵庫開港ができるのかできないのか、直ちに返答せよと幕府に要求する。「もし回答が示されない場合は、もはや幕府には当事者能力はなしとみなし、朝廷と直接交渉する」と言《い》い放ったのである。武力を背景に対応を迫る四カ国の前に、崇広と阿部正外《まさと》（老中）は止むなく、勅許を得られないままの兵庫開港を決断した。しかし朝廷の反応は予想以上に激烈であった。朝廷は崇広らの対応を激しく責めたて、官位剝奪、改易という勅命を下した。結局、幕府は崇広の老中解任を決定したのだった。

国許での謹慎を命じられた崇広は、翌慶応二年（一八六六）四月二十五日、熱病によって松前で死去したのだった。享年三十八であった。

松前崇広という人物の数奇な生涯は、幕末という時代がいかに特殊か、そのことを象徴するものであったように思える。「部屋住み」という境遇から、いくつかの幸運も重なって藩主となり、その後、洋学を積極的に取り入れた藩政改革を主導した。その結果、他《ほか》の大藩でも出来なかったような改革を、松前という小藩が成し遂げたのだった。一方で、幕末という激流の時代において、一介の外様大名から老中にまで登りつめ、幕府のために奔走するが、最後は、その幕府から「捨て駒」のように扱われ、志半ばで世を去ったのだった。無念であったろう。

もちろん崇広の老中抜擢それ自体は、幕末という時代だからこそ起こり得たことであったろう。崇広は結局、幕府の退潮を止めることは叶わなかったし、彼自身、時代の荒波を最後まで乗り切ることも叶わなかった。その意味で、過大評価しすぎてもいけないかもしれない。しかし松前藩史において崇広が成し得た功績について、そして幕末維新という時代を生きた一人の殿様として、少なくとも等身大の評価はされても良いと思う。崇広もまた、幕末という時代に果敢に向き合い奔走した人物であったのだから。

③

松前藩の〝クーデター〟

英主、松前崇広亡き後、松前藩は大揺れに揺れた。
門閥出身の重臣たちに不満を抱いた若手・軽輩藩士たちは、ひそかに正議隊を結成。
彼らは藩政を握るため〝クーデター〟に打って出たのである——。

きな臭い藩内

幕末維新という時代の荒波は、容赦なく松前藩にも押し寄せる。大政奉還、王政復古そして鳥羽・伏見の戦いと、世の中が目まぐるしい展開を見せるなか、崇広亡き後の松前藩においても争いが勃発した。だがその争いは、血で血を洗う藩内の権力闘争であった。

これまで述べてきたように、松前藩は若年の藩主があいついだこともあって、藩政は基本的に門閥出身の重臣による合議《ごうぎ》によって担われてきた。そうした意味でも、自《みずか》ら藩政を主導した崇広は例外的な藩主であったのだが、それでも幕政に携わるようになってからは、信頼する側近たちに藩政を委ねるようになり、崇広の死後は松前勘解由ら門閥重臣たちが藩政を取り仕切る体制へと〝先祖返り〟したのである。もっとも崇広の死後、藩主となった徳広《のりひろ》は文《ぶん》を好み、かつ尊王論者として知られる人物であったが、持病（肺結核といわれる）を抱えており、藩政を自らが担うことは事実上不可能であったようだが。

勘解由らは、戊辰戦争前後という緊迫した状況のなか、藩の舵取りをすすめていく。その方針は、基本的には大勢順応、要するに新政府への恭順である。幕府の権威回復を第一に考え奔走していた崇広が健在であったなら、こうした重臣たちの対応をどう思ったであろう。

大政奉還後、松前藩は新政府の命で箱館に守備兵を送る一方、松前敦千代《あつちよ》（崇広の実子）を藩主の名代《みょうだい》として上洛させている。さらに秋田滞在中の奥羽鎮撫副総督、澤為量《さわためかず》に軍資金の提供を申し出るなど、一見、勘解由らは官軍の側に立つ姿勢を明確に示したように見える。だがその一方で、勘解由らは奥羽越列藩同盟に対しても、家老の下国弾正《だんじょう》を派遣するという行動にも出ていた。要するに、勘解由らは、旧幕府側と官軍を両天秤にかけていたのである。勝敗の帰趨《きすう》が定まらぬなか、双方に「保険」を掛けておくことはいわば歴史の常道で、『十八史略』でも眺めていればいくらでも出てくる話である。だが若手藩士を中心とする尊王派には、こうした重臣たちの対応は幕府寄りの姿勢と映った。こうした背景の下で、正議隊《しょうぎたい》と呼ばれる反主流派集団が松前藩内に結成される。慶応四年（一八六八）七月のことだった。

正議隊のクーデター

正議隊の中心メンバーは、鈴木織太郎《おりたろう》や下国東七郎、松井屯《たむろ》、新田千里、三上超順《ちょうじゅん》ら、若手や軽輩藩士たちおよそ四〇余名。彼らの政治目的は、重臣たちの「専横《せんおう》」を排すること、藩主徳広による政治を実現させること、勤王の旗を鮮明にすること、この三点にあった。ちなみに正議とは尊王を意味する言葉でもある。要するに正議隊は、（少なくとも建前としては）尊王思想を掲げて、重臣たちを弾劾し政治権力を奪取するという挙に出たのだった。★

クーデターを起こすにあたって正議隊は箱館裁判所★の清水谷公考《しみずだにきんなる》と接触をはかるべく、下国東七郎を箱館に潜入させている。下国らは清水谷に面会し、松前藩の内情を語ったうえで、正議隊決起の際は、然るべき応援を依頼したのだった。

このように抜け目なく下準備を整えたうえで、慶応四年（一八六八）七月二十八日、正議隊はついにクーデターを決行したのである。

城中に押し入った彼らは家老の下国安芸にせまり、徳広に謁見を果たす。そこで彼らは勘解由ら「佐幕派」の一掃と、勤王への方針転換を声高に伝えた。だが徳広は病も篤く、彼らの勢いにまともに対応できるような状態ではなかった。そ

▼正議隊発足にあたって彼らが用意した文書は次のようなものだった。殿様尊奉の儀に付き、身命を抛（なげう）ち忠節を守る事、機密の談判、親子兄弟たりと雖も、猥りに相洩らさぬ事。論盟迷約の輩於有之は、同志中より其罪を糺し、速やかに天誅を加える事。右載盟の趣、上下の祇殊に我宗廟靈の照鑒に備う。仍て血誓、件の如し

▼**箱館裁判所**
新政府が最初に設置した、蝦夷地統治のための行政機関（こんにちの意味の裁判所ではない）。総督は清水谷公考で、坂本龍馬の甥の小野淳輔などもここで務めていた。のちに箱館府と改称する。

清水谷公考
（函館市中央図書館蔵）

のため、下国安芸ら、中立派と目される家老らの意見をもって、次のような決定を下すのである。

下国、松井、鈴木の三士を近習頭とし、松前勘解由、蠣崎監三、関佐守、山下雄城らの重臣に謹慎を命じ、下国安芸を執政として藩政の改革と、反対家臣の粛清に当ることとなり、正議士が城中の警備の任に就いた

事態の急変に驚いた勘解由は、急ぎ登城しようとするが門衛に拒まれ、城内に入ることができなかった。勘解由は怒り心頭、他の藩士らとともに威遠館★から武器を奪い、松前城の東に位置する法華寺から城中へ砲撃を企図したが、「君臣の分を弁《わきま》えよ」と説得され思いとどまったという。だが勘解由の側に立って考えてみれば、権力奪取のためにはここが正念場であった。正議隊はたかだか数十人。それに対し勘解由側に与した藩士たちは、このとき一〇〇〇人を数えたという。この数字は眉唾なのだが、ともあれこの段階であれば勘解由は正議隊を実力で圧倒・鎮圧することも可能であった。だが、ここで思いとどまったことで天機は去ったのである。

こうして藩政を掌握した正議隊は、その後反対派の粛清に乗り出す。八月一日、「佐幕派」重臣への襲撃を開始したのである。勘解由もまた屋敷を襲撃され、一度は撃退するが、弟の蠣崎監三は誅殺《ちゅうさつ》されてしまう。そして八月三日には、勘解由も切腹を命じられるのである。

▼威遠館
松前藩の兵学校として設立されたが、当時は武器弾薬庫として使われていた。前節を参照。

その後も正議隊による粛清は続けられた。なんと江戸藩邸や京都にまで暗殺者を送り込み、徹底した排除を図ったというから、彼らの苛烈さと執拗さがうかがえるというものだ。

もちろんこうした暗殺命令を、徳広が直接下したとは到底考えられないわけで、正議隊は「革命政権」らしく、流血による権力闘争の道を自ら選んだということなのであろう。そうとしか評しようがない。

館城の建設

重臣たちを力ずくで排除して藩の主導権を掌握した正議隊★は、さっそく藩政改革に着手した。まず第一におこなったのは論功行賞《ろんこうこうしょう》である。クーデターを主導した正議隊メンバーおよび加担者をそれぞれ加増・加給した。

そのうえで、足軽や町人であっても人物・器量によって抜擢すると発表し、また合議局、正議局、軍謀局を新たに設置した。合議局は皆で話し合い政策を決定する場であり、正議局には合議局の暴走を抑制するための機能が期待されていたようだ。軍謀局の機能は今ひとつ不明瞭なのだが、要するに軍政と軍令★の双方を掌握する組織であったようだ。またこのとき兵制も改革され、銃隊、大砲隊、歩兵隊など、それぞれ兵科ごとに部隊が再編成されている。

▼
クーデター前からの参加者を正議前隊、クーデター後の加担者を正議後隊と呼称したという記録もある。

▼**軍政と軍令**
軍政とは一般に軍事行政全般、軍令とは軍事力の直接行使（作戦の立案、部隊の運用など）にかかわる事項を指す。

衆議による政策決定の場とそれを抑制する組織、さらに軍事を統括する組織など、これらはいずれも近代国家の組織形態に近い。洋学からの知見によって、こうした組織が構想されていたのなら興味深い事実である。だが正直、松前藩には少々、身の丈《たけ》に合わない組織のような気もする。いずれにせよ正議、軍謀両局はすぐに廃止されてしまうので、その実効性が分からず仕舞いなのが残念である。

ところで、正議隊の行った政策のなかで最大のものが居城の移転である。しかし北方警備のため松前城★が建造されたのは安政元年（一八五四）、まだ十年かそこらしか経過していないのだ。こんな「新築物件」を捨てるような政策を、なぜ正議隊は打ち出したのだろうか？

この点については、研究の積み重ねによってそれなりに説得力のある理由がいくつか挙げられている。

たとえば松前城は、沿岸を航行する異国船を砲撃するための砲台を設置している。これは他の日本の近世城郭には見られない軍事的特徴である。しかし幕末維新期になると、むしろこうした特徴が最大の弱点となってしまっていた。

要するに松前城は「海岸から近すぎ」なのだ。射程距離が飛躍的に伸びた軍艦からは「格好の的《まと》」になってしまっていたのだ。しかも悪いことに、海岸に面した丘陵に沿うように松前城下町は形成されていたため、ひとたび戦いが起きれば、城下全体が大混乱を来《きた》すことが容易に予想されたのである（事実、箱館戦争の際に

▼松前城
本書第四章を参照。

そうした弱点は事実として証明されることになる)。

さらに安政期に蝦夷地の支配権を失ったことも、新城建設の大きな理由とされる。現状はとりあえず蝦夷地に関する松前藩の特権はある程度維持されているが、それを保証していた幕府はすでに崩壊しており、新政府樹立後もこうした特権が維持できるかどうか不明であった。蝦夷地一円支配が望めぬ以上、対アイヌ交易と漁業を基盤とする従来の藩の経済構造は早晩《そうばん》行き詰まる、と予想したとしても不思議ではない。つまり藩経済の中心を農業へ移行させるため、平野部の多い厚《あっ》沢《さ》部《ぶ》川流域の館《たて》の地が選ばれたのだった。

またもう一つ、クーデターの熱気がいまだ残る松前から離れることで、人心一新を図った、という点も指摘されるところである（案外これが、一番大きな理由だったのかもしれない)。

いずれにせよ松前城から館城への移転は、単なる居城の移転というに止まらず、藩のありようを根本的に変革する試みであったことは確かだ。もちろん父祖の地松前を離れるという心理的な面からの反対の声も決して小さくはなかったであろう。しかし正議隊は前もって新政府に新城建設の許可を得たうえで館城建設をすすめていた。この点でも彼らに「抜け目」はなかったのである。

こうして反対の声は押し切られ、館城の建設は開始されたのである。明治元年（一八六八）九月のことであった。

ちなみにこの館城、戊辰戦争の影響があるからと建設が急がれ、十月にはある程度完成をみた、ということになっている。しかし二カ月そこそこの期間である程度完成した「お城」とは、いったいどんな代物なのだろう。戦国時代の墨俣城《すのまたじょう》でもあるまいに、正直かなり怪しい代物《しろもの》という思いを抱かざるを得ないのだが。

正議隊の評価

ここで正議隊について、少々付言《ふげん》しておこう。正議隊は、勤王の旗を立て、新政府へ従う方針を明確に示していた。この点は明らかに、日和見的な姿勢の重臣たちとは異なっていた。真っ先に藩主を薬籠中のものとした点は、クーデターを成功に導いた最大の要因であったし、一方で、反対派を徹底した粛清でつぶしにかかった点などは（褒められたものではないが）、革命政権の権力奪取と安定という意味で間違ったやり方ではない。というより、本質的に革命政権というのはそういう存在なのだ。倫理をどうこう語るのも彼らにしてみれば「筋違い」であろう。

では、正議隊の政策についてはどうか。これは身分にこだわらない人物本位の人材登用の方針を示した点や新組織の新進性など、一定の評価はできよう。政策の実効性はなかったとも言われるが、そもそも彼らには、腰を落ち着けて政策に取り組む時間が与えられていなかった。この点は割り引いて考える必要はあろう。

現在の館城百間堀跡
（厚沢部町教育委員会提供）

筆者としては、正議隊およびそのシンパ★による藩権力の独占以外に政治目的が存在していたのか、換言すれば、クーデターそれ自体が「目的」だったのか、それとも改革のための「手段」であったのか、そのいずれかによって評価が分かれると思っている。つまるところ現時点では、正議隊の評価を下すのは難しいのだ。

ただいずれにせよ、藩政掌握の過程において流血を伴ったことが、松前藩にとって大きな禍根となった。正議隊が抵抗勢力（佐幕派）との融和路線を否定したことで、松前藩における党派対立はそれこそ藩の終焉に至るまで、延々と繰り広げられていくことになるのである。

▼シンパ
シンパサイザーの略。共鳴者、同調者。

④

松前藩と箱館戦争

クーデターの熱気まだ覚めやらぬなか、突如訪れた〝招かれざる客〟。父祖の地松前は戦場となり城下はいくさの炎に包まれる。戦後、館藩へと名を変えた松前藩は、不毛な藩内抗争の末、藩の終焉を迎えるのだった――。

旧幕府軍、箱館を占拠する

松前藩が、藩を挙げての〝お引っ越し〟に明け暮れていたころ、東北地域では、長きにわたって続いた戦乱がようやく終わりを迎えつつあった。明治元年（一八六八）九月二十二日には、藩を挙げて頑強な抵抗を行った会津若松城もついに落城し、奥羽越列藩同盟の盟主たる仙台藩も脱落（九月十五日、降伏決定）した。あとに残るは榎本武揚《えのもとたけあき》（幕府海軍副総裁）率いる旧幕府海軍と、彼らに吸収された旧幕府軍の残党たち……だったのだが、これが実力的にはとても「残党」とは呼べないような武力集団だったのだ。

そもそも榎本率いる旧幕府海軍の実力は新政府軍を凌《しの》ぐものであったし、仙台で吸収した旧幕府軍の生き残りは鳥羽・伏見の戦い以来、戦場を疾駆《しっく》した歴戦の

榎本武揚
（函館市中央図書館蔵）

部隊であった。土方歳三《ひじかたとしぞう》をはじめ、隻腕《せきわん》の剣豪として知られた伊庭八郎《いばはちろう》など有力な将《しょう》帥《すい》も顔を揃えていたのだ。新政府軍が頭を悩ませるのも当然だった。

だが東北地域が新政府の手に落ちた今、彼らの行き先はもはや限られていた。また榎本らが石巻《いしのまき》を離れる際、「蝦夷島を賜りたい」という趣旨の文書を新政府に送っていたことからも、旧幕府軍の蝦夷島上陸は新政府にとってある程度想定しうる事態ではあったのだ。

そうこうするうち、鷲ノ木★に、榎本武揚ら旧幕府軍が上陸する。明治元年十月二十一日のことであった。

上陸を果たした旧幕府軍はおおよそ二五〇〇余と推定されている（うち海軍兵員はおよそ九〇〇人前後）。榎本らは、蝦夷島に上

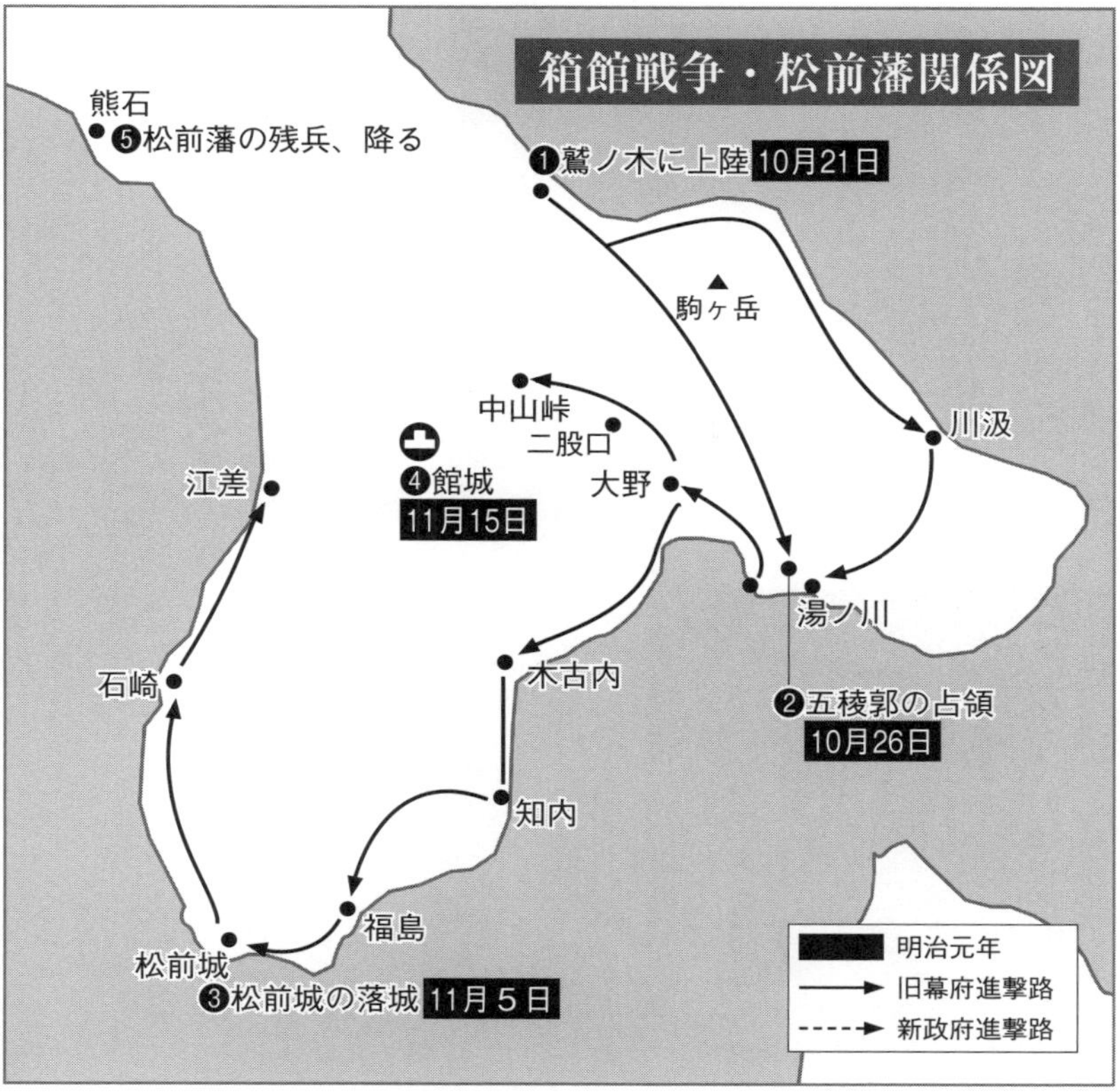

陸した趣旨を伝える文書を箱館府★に対し送った上で、二手にわかれて箱館をめざした。

一方、箱館に駐留する新政府軍の兵力は松前や弘前、大野などの各藩合わせておよそ一〇〇〇前後（諸説あり）であったが、箱館府は旧幕府軍上陸の報を受けるとすぐさま邀撃《ようげき》すべく彼らに出撃を命じた。二十二日、両軍は大野付近で接触し、そのまま本格的な戦闘に移ったのだが、強力な旧幕府軍の前に新政府軍はたちまち敗れ、そのまま総崩れとなった。

こうして上陸から五日余りで、旧幕府軍は箱館の占拠に成功する。清水谷公考総督以下、箱館府首脳は敗報を受けさっさと箱館を脱出していたので、五稜郭《ごりょうかく》に無血入城を果たしたわけである。

ちなみに松前藩兵は、このときの戦闘には参加していない。しかし箱館を守りきれないと判断したのか、みずから戸切地《へきりち》陣屋に火をかけ松前に退転している。

旧幕府軍、松前を攻撃す

箱館を占拠した旧幕府軍は、つづいて松前藩の攻略に乗り出した。明治元年（一八六八）十月二十八日、土方歳三を総指揮官とするおよそ七〇〇余りの兵力が、一路松前城を目指《めざ》して進撃を開始した。これに対し松前藩は籠城策をとらず、松

▼鷲の木
北海道森町。

▼箱館府
箱館裁判所を改称。本章第三節参照。

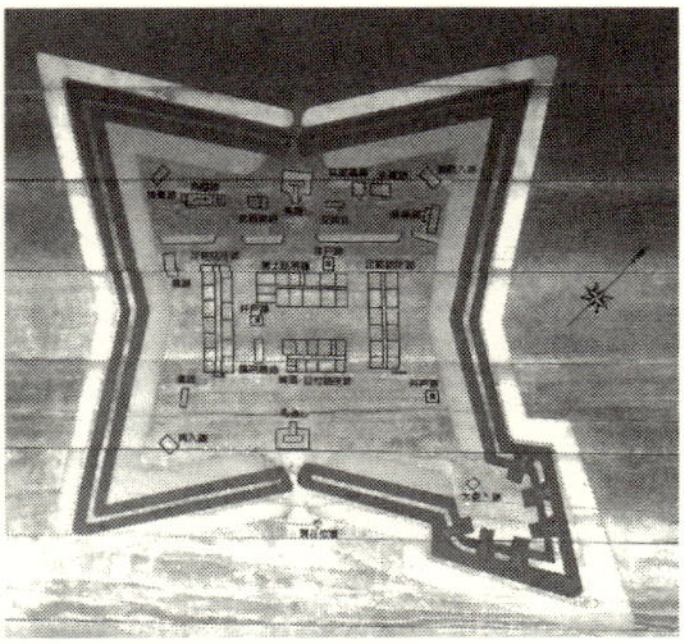

戸切地陣屋（現地の解説板）

前城には抑えの兵力を残し、福島★に兵を送って防衛陣地を構築し、そこで守備するという策に出た。

両軍の初接触は、十一月一日。五〇人余りの松前藩兵が福島から船で知内方面に上陸し、同地に駐留する旧幕府軍に夜襲を仕掛けたのだった。兵力規模からみて、攪乱《かくらん》を意図した威力偵察と考えられるが、この攻撃を受けて旧幕府軍は、松前藩に対し本格的な戦闘を開始する。翌二日、旧幕府軍はまず一ノ渡《いちのわたり》、ついで山崎における松前藩の抵抗を排除しながら前進した。

前線が各所で破られた松前藩側は、法界寺（福島町）を本陣として最後の防戦を試みた。福島を突破されたら、もう松前は目の前だ。松前は自分たちが生まれ育ち、家族が住む街なのである。

だが元々、兵力も戦闘力も旧幕府軍側の方が圧倒的に上なのだ。とうてい守りきれるものではなかった。結局、福島の防衛線はわずか一日で突破されてしまう。

福島突破という状況を受け、いよいよ松前藩は城を枕に〝決死の戦い〟を決意するのだった。

松前城の落城

旧幕府軍が松前城下に迫ったのは、十一月五日のことである。

▼福島
北海道松前郡福島町。

土方歳三
（函館市中央図書館蔵）

五稜郭

迎え撃つ松前藩の兵力は、青森方面から来た新政府方の援軍を合わせて約五〇〇強。実は陸上兵力的には、両軍さほどの差はなかった（能力差は別として）。

松前城は、土方をはじめ圧倒的な旧幕府軍の攻撃の前にもろくも落城した、というイメージが強い。もちろんそれは、結果としては間違いではないのだが、より重要なのは、この箱館戦争においては勝敗の帰趨を決定付ける重要な要素が別に存在していた。それは海軍の有無である。

十一月五日、旧幕府海軍の軍艦、回天《かいてん》と蟠龍《ばんりゅう》が松前湾内に侵入し、旧幕府軍と防戦中の松前藩兵に射撃を加え、藩兵を蹴散らしている。さらに陸上からの旧幕府軍の攻撃により松前藩の砲台が沈黙した後には、松前城および城下に向けて、海上から艦砲射撃が開始された。さきにも述べたように、松前城は本質的に海上からの攻撃が弱点だったが、まさにそのとおり、効果はてきめんに現れた。軍事施設、民家を問わず甚大な被害が出たのだった。

一般に箱館戦争は、日本において艦砲射撃がはじめて本格的に用いられた戦争といわれている。そしてこの松前城の攻防戦こそ、その破壊力と殺傷能力、そして心理的脅威という点において、まさに艦砲射撃が絶大な効果を発揮した戦闘だったのである。

こうして松前城攻防戦の帰趨《きすう》はわずか数時間のうちに決し、藩士たちは戦場を離れ、江差または館城方面に逃れていった。

旧幕府軍の軍艦回天の残骸
（函館市中央図書館蔵）

戦いには敗れたが、勇敢に戦った松前藩士の存在は伝えておくべきだろう。城に向かって各方面から攻め上がる旧幕府軍に対し、松前藩士たちは自らの城を守るために必死に防戦した。そうした藩士の一人が、田村量吉《たむらりょうきち》だった。彼は当年七十二歳。隠居中の身でありながらこの度の戦闘に参加し、戦闘の末、負傷。最後は、本丸御殿玄関で割腹自刃《かっぷくじじん》を遂げている。また北島幸次郎《きたじまゆきじろう》の妻美岐《みき》のように、落城を悲しみ「鋏で喉を突いて自害」した女性もいた。

しかし藩士たちは脱出の際、市街地に火を放っていた。敵に利用されないように、という類の命令が指揮官からあったためとされる。要するに焦土戦に出た、ということなのだが、だとすればひどい話だ。そもそも本質的に、住民は戦争とは無関係である。松前藩政下において（あるいはその前史から）、長い時間を共に過ごしてきた人々に対して、何というひどい仕打ちだろう。しかも城は燃やしていないのだから、より武家の身勝手さを感じるのだ。幸い、住民たちは事前に城下を離れ山間部に避難していたため無事であった。しかし季節は旧暦十一月、これから蝦夷島は冬に向かうのである。住民の落胆は大きかったであろう。

いずれにせよ、炎は市街地の多くを焼き払った。対アイヌ交易そして北前船交易で栄えた松前の城下町は、わずか一日で灰燼《かいじん》に帰してしまったのである。

松前城下の戦い
（『麦叢録附図』／函館市中央図書館蔵）

旧幕府軍の侵攻

松前城を陥落させた土方は、若干の守備兵を残し、ただちに江差方面に向けて進撃を開始した。十一月十日のことである。また同日、箱館の本隊も部隊を編成して、大野方面から館城へと兵をすすめた。いうまでもなく、土方と箱館の部隊が連携して両側から館城に迫り、残存する松前藩勢を包囲殲滅《せんめつ》することにあった。

一方、松前藩は敗残兵を再編成しつつ江差★付近で防衛線を構築し、さらに箱館方面からの攻撃に備え、中山峠に兵を送り防戦の体勢を整えた。館城には今井興《いまいおき》之丞《のじょう》を隊長とし、軍事方として三上超順《みかみちょうじゅん》らを配置した。また松前城から脱出した藩主徳広および一族は、いったんは館城に入ったが、間もなく戦場になることが予想されたため、城外に避難し戦況を見守ることとなった。

江差方面での松前藩兵が頑強な抵抗を示したため、旧幕府軍は「予想外」に手間どり、十一月十三日まで戦線は膠着《こうちゃく》したという。しかし旧幕府軍は、開陽丸《かいようまる》を松前に派遣し、敵の背後から部隊を上陸させるという作戦をとった。こうして江差は旧幕府軍によって占拠され、挟撃されることを恐れた松前藩兵は、館城方面に敗走した。

そして十一月十五日、ついに館城に旧幕府軍が押し寄せてくる。

▼江差
北海道檜山郡江差町。

豪傑、三上超順

館城の攻防戦が始まった。しかし、すでに戦力格差は開きすぎていた（この時点で館城守備兵は二〇〇余といわれる）。その上圧倒的優位に立つ旧幕府軍に対し、館城はどう贔屓目に見てもせいぜい突貫工事の自称「お城」である。旧幕府軍の激しい攻勢に晒されて、長期にわたって耐えられる代物《しろもの》とは思えなかった。

その意味で、館城の攻防戦が旧幕府軍の勝利に終わることは自明《じめい》の理《り》であった。本来ならば特筆すべきこともない、掃討戦の類《たぐい》として終わるはずだった。事実、松前藩兵は、旧幕府軍の攻勢に対応する術がなかった。旧幕府軍が次々と押し寄せくる裏門口では、隊長の今井興之丞が防戦のすえ負傷、切腹している。落城はすぐ目前に迫っていた。

そうしたなか、味方の脱出を助けるために現れたのが〝一個の坊主〟三上超順であった。しかもこの三上超順なる坊主は左手に俎板《まないた》、右手に刀という奇怪《きっかい》ないでたちだった。乱戦の中に躍り出た超順は俎板で丸《たま》を防ぎながら、敵兵と白兵戦を展開し、ついには旧幕府軍の嚮導役《きょうどうやく》★、伊奈誠一郎と刃を合わせ、「頭上三カ所の大創」を負わせたのである。さらに超順は近くにいた横田豊三郎差図役頭取《とうどり》を目がけて駆けよった。横田は降り積もった雪につまずいて倒れ、超順は横田に乗

▼嚮導役
指揮官。

りかかり斬りつけた。あわや一巻の終わりかというところを堀覚之助、軍監黒沢正介差図役が「飛ガ如ク馳付」、超順を斃《たお》したのだった。

　こうした超順の戦いぶりが今に伝えられているのは、その戦いぶりが旧幕府軍にも強く印象付けられ、勇者としての敬意が払われたからなのだろう。旧幕府軍は超順を手厚く葬ったと記録が残されている。

　ところでこの三上超順という人物は、正議隊の一人としてすでに何度か本書にも登場している。おそらく箱館戦争が起こらなければ、正議隊の一人として歴史に残った人物だったろう。しかし超順は、じつは乱世で輝く一人物であったのだ。こうして、三上超順は組板片手に戦う坊主という、一風変わった戦場の快男児として、その名を後世に残すことになったのである。享年三十四であった（意外と若い）。

三上超順の奮戦のジオラマ
（五稜郭タワー提供）

松前藩士の降伏と藩主の死

　館城の落城をもって、松前藩の組織的抵抗は事実上終結した。

明治元年（一八六八）十一月十七日には敗残兵は熊石村に敗走するが、ここに至り藩主徳広や世子の兼広《かねひろ》★らを弘前藩へと脱出させることが決定された。敗走のさなか、藩士たちは逃亡用の船を必死で探し、ようやく見つけ出した船に徳広た

▼松前兼広
松前徳広の長男。明治四年（一八七一）、修広（ながひろ）と改名。

ちを乗せた。そして徳広らは荒波のなか「決死の覚悟」で、津軽へと向かったのである。

一方、藩主一行の脱出を見届けた藩士たちおよそ五〇〇名は、旧幕府軍の呼びかけに応じ、降伏することになった。旧幕府軍幹部、人見勝太郎《ひとみかつたろう》は降伏した松前藩士らに向けて、三カ条の覚書★を示した。

総じて、旧幕府軍が降兵たちに示した方針はさほど過酷なものではない。しかしこの布告への対応を巡って、降伏した藩士たち、そして住民の命運は大きく分かれることになる。

命からがら弘前藩領までたどり着いた藩主徳広一行は、薬王寺に滞在することになった。だがここで徳広は喀血する。病身でありながら城を追われ、戦場の不安のなか、肌寒い季節に敗残の身を横たえ、あげく初冬の日本海の荒波を渡り、命からがら陸地にたどり着いたのである。しかしもう、徳広の身体は限界であったのだろう。徳広は十一月二十九日には死去したのである。享年二十五であった。

城は焼かれ、領地は失い、さらに藩主まで失った松前藩は、まさに散々というよりほかにない。だが新たに第十四代藩主となった兼広のもと、父祖の地松前を奪回すべく、部隊が組織されていった。軍備を整えるため新政府に軍資金を要請し、三万両を賜ったうえ武器、弾薬等の支給も受けている。もちろんこうした新政府の厚意の背景には、領地を失うまで戦った松前藩に対して報いるという意味

蝦夷島を脱出する藩主徳広一行
（ジオラマ／熊石町歴史記念館蔵）

人見勝太郎
（函館市中央図書館蔵）

▼三カ条の覚書

一、藩主を慕い渡海する者は許す。この場合の所持は大・小刀に限る。

一、帰農商工を願うものは許すが、双刀は差し出すこと。この場合、移住の場所を定めることがある。

一、脱走軍側に加わりたい者は許す。その場合は食を与える。

もあったに違いない。

　こうして、無念の脱出からおよそ五カ月後、松前藩は、新政府軍の一員としてふたたび蝦夷島へ足を踏み入れるのである。

苛烈な戦後処理

　明治二年（一八六九）五月十八日、榎本武揚ら旧幕府軍は新政府軍に降伏し、五稜郭《ごりょうかく》は開城した。戦いを終えた松前藩士たちは五月二十五日、松前城下に凱旋するが、そこで彼らが目にしたものは、焼け野原となった松前城下であった。火付けの当事者である彼らに、どういった感慨が去来したのだろう。

　さて、松前に戻った彼らが真っ先に行ったこと。それは、箱館戦争の〝戦争犯罪人〟の詮索と処置であった。松前藩は、戦犯を三つに分類した。①家臣中の戦争非協力者、②領民の旧幕府軍への協力者、③旧幕府軍の潜伏者、である。

　さきに挙げた三つの分類に基づき、明治二年五月、六月の二カ月間で、松前藩は計二五八名（諸説あり）にも及ぶ「戦犯」たちを逮捕し、審問のすえ二四名に死罪の量刑を下し、残る「戦犯」にも、実に苛烈な処罰を下したのだった。他に手段なく降伏した藩士たちに対して余りに情けのない裁きにも思えるのだが、さて、いかがなものだろうか。

一方、松前藩は館城への移転をふたたび開始した。かねてよりの方針通り、という言い方もできようし、焼け野原となった松前の復興を先送りにした、という評価もできよう。だが実際のところ、もはや松前藩には松前城下の復興に注ぐような力が残されていなかったことも事実ではあったろう。箱館戦争は、それほどまでに松前藩に大ダメージを与えたのである。

箱館戦争の「戦犯」処分

（1）死罪

1	町内引廻胴斬上梟首
2	町内引廻胴刎上梟首
3	刎首

（2）その他の刑

1	永押込
2	永之暇
3	永牢
4	押込
5	蟄居
6	身分取放
7	加盟断絶等、士分者処分
8	越山
9	所替
10	三所（松前、函館、江差）構へ
11	町内払
12	村替
13	急度叱
14	戸〆
15	持家取上

（3）体刑

1	百擲上渡海
2	七十擲
3	五十擲
4	三十擲

（4）過料

1	一〇〆文
2	五〆文
3	一〆文

松前藩から館藩へ

箱館戦争の終結から約三カ月後の明治二年（一八六九）八月十五日、明治政府は蝦夷島の行政区分について新たな決定を下した。まず蝦夷地と一括して称されていた蝦夷島本島、カラフト、千島列島をそれぞれ一一国八六郡に区分した上で、新たに本島を北海道と名付けたのである。★

またこれより少し前の七月八日には開拓使が設置され、明治新政府による北海道開拓がスタートすることとなった。開拓使が目指したものは、石狩を中心とし

▼八月十五日が北海道の開道記念日とされるのは、このことが由来である。

て西洋式の農工業を導入し、北海道の拓地殖民をすすめることであった。

この開拓使の誕生に伴い、松前藩は道内における領有地の境界を福島、津軽、檜山、爾志《にし》の四郡とするように求め、開拓使もそれを受け入れている。開拓使は、松前藩の存在を開拓方針からは異質のものとみなしつつも、内政には介入しない方針をとっていたためである。

ちなみに藩主の兼広はこのときわずか六歳であった。正議隊の下国安芸が執政（藩政の最高責任者）、松井屯を藩主傳役《もりやく》として藩政を執行してきたが、旧佐幕派と意見対立は相変わらず激しいままだった。

明治新政府は明治二年六月十七日、諸大名に対し、いわゆる「版籍奉還」を公表した。版籍奉還をひと言で説明すると、各藩主から藩の版（土地）と籍（人民）を天皇に奉還したいという「自主的」な申し出を受け、政府は藩主を藩知事に任命するというものである。

明治二年六月二十四日、松前藩家老の下国安芸は藩主の名代として東京城★へ登り、明治政府から辞令★を受けとった。松前勝千代（兼広の幼名）を藩知事に任じるという、そっけない文面である。しかしこれをもって、松前藩が有する版と籍は、正式に明治政府に収公されることとなったのであり、意味するところは決して小さくはない。

ところで松前藩が正式に館藩と改称されたのも、公文書で館藩と明記されたこ

▼**東京城**
江戸城を改名。

▼**辞令**
松前勝千代
館藩知事被仰付候
明治二年六月廿四日
行政官

のときのタイミングであったと考えられている。というわけで、本書も（残りわずかだが）これ以降は館藩という名称で表記することにしよう。

館藩、事実上の「破産」

館藩が箱館戦争で蒙《こうむ》った被害は、あまりに甚大であった。勝ちはしたものの城下は荒廃し、その復旧に手をつけるどころか、もはや藩士への給与支払いにさえ支障を来す有様であった。藩士たちの多くは住居もなく、食うにも困るような状況に陥っていた。

こうしたなか、館藩は旧幕時代、蝦夷地を上知された折りに得た道外の所領変更を新政府から命じられている。

岩代国伊達郡《いわしろこくだてぐん》★のうち三万千八百四十九石余を、刈谷藩《かりや》★支配地から千八百四十二石余を、合わせて三万三千六百九十二石余を代替の地として受け取ることとなった。これに梁川村、泉沢村、大門村、金原田村の七千石を加え、館藩の領地は約四万石（実収でおよそ一万六千石程度）となった。石高は増加し、（帳簿上は）収入も増えたわけである。しかし新たな領地からすぐに収入が得られるわけでもない。館藩の財政は悪化の一途をたどっていくのだ。

こうした窮地を打開するべく、館藩は藩札を発行するという手に打って出る。

▼岩代国伊達郡
泉沢村（福島県伊達市）、大門村（福島県伊達市）、金原田村（福島県伊達市）。

▼刈谷藩
三河国刈谷（愛知県刈谷市）に置かれた藩。

藩札とは、藩が発行する藩内でのみ流通する紙幣のことである。藩札は兌換《だかん》紙幣であり、書かれている金額と交換することが（制度的には）できるため、市場はそれを「信用」して藩札を使用するわけである。松前藩にしてみれば、藩札がお金として市場で流通すれば、実際の貨幣（小判など）がなくとも、（あくまで松前藩のなかでは）お金が増える。おそらくこんなふうに考えたのだろう。こうしておよそ九万七〇〇〇両もの藩札が発行されたのである。

ところで、いうまでもないことだが、兌換紙幣は「交換」可能なことが信用の大前提にある。つまり本来は実際に持っているマネー（資産）以上を刷ってはいけないのだが、館藩にそんなカネなどあろうはずもない。つまり松前藩は実体のないマネーを発行したことになる。もはや一種の詐欺である。

事実、市場の評価はきわめて冷淡なものであった。実態として取り引きは額面の半額程度で行われていたというが、財政の裏付けのまったくない藩札に対してほんとうに半額で取り引きされていたのなら、むしろ穏健な評価とさえいえよう。また商人たちは、松前藩の足もとをみるかのように、この藩札を税の納入や公金用の手形として用いるという挙《きょ》に出ている。松前藩自らが、「これはカネだ」と言っている藩札を拒否することができようはずもない。結局、藩の財政はいっそう悪化したのである。

一体、館藩はなにを考えていたのだろう。

困り果てた館藩は、八月二十九日、明治政府に現米八万石と一〇万両の緊急貸付を願い出た。このときは政府から三万両の拝借金の交付を受けることができた。さらに九月十四日には、戊辰戦争および箱館戦争の際、官軍として尽力したことが評価され、高二万石が加増された。こうした政府の援助によって、ようやく家臣たちへの俸禄米分を（ごく一部であったが）支払うことができた。やっとひと息ついたと思われたが、しかしこの後押し寄せる苦難のまえには、これまでの苦難も単なる序章に過ぎなかった。

館藩にとって大打撃となったのは、蝦夷地各場所の請負制を開拓使が廃止したことだった。この結果、館藩は福山四万五〇〇〇両、江差三万二〇〇〇両、合わせて七万七〇〇〇両という巨額の減収が見込まれることとなった。さらに明治三年五月、前年末に館藩が発行した九万七〇〇〇両の藩札を回収するよう大蔵省から命令されたのだ。しかし償還する原資など、館藩にあろうはずもない。ようやく三万四五七〇両を償還したものの、六万二四三〇両もの藩札が回収不能に陥っている。館藩はこれ以降、家臣の俸禄給与さえ支払がまったく不可能な状態となってしまう。家臣たちの生活困窮は極度に達した。

悪いことは重なるもので、とどめとなったのが、明治三年六月七日の大火事である。箱館戦争で焼け残った松前城下（川原町、中川原町、横町、中町、袋町、大松前町、小松前町の七町）の大半が焼失してしまったのである。住民の打撃は大きかった。だがこうしたなか、藩内では藩政闘争が幕を開けるのである。

不毛な藩内闘争

今日の藩財政の苦境は、正議隊の政治壟断《ろうだん》と、財政見通しの甘さが原因だ、という弾劾《だんがい》の声が、旧佐幕派の家臣から沸き上がった。

藩重役たちの退職を迫る声があちこちから噴出し、新田千里、松井屯などが辞任したが、反対派の活動はさらにエスカレートした。一方、正議隊派は巻き返しを図り、旧佐幕派の家臣たちに対し厳しい処分を下したのである。「死に体」と化した組織ではこうした不毛な権力争いが往々にして起きるものだが、こんなことをしても事態が解決しようはずもない。最終的に、両派の協力によって藩政を進めるということでお互いの一致を見たが、もはや末期症状にある藩財政の回復は望むべくもなかった。

この後もさらに下国東七郎等の松前物産品を引き当てとしたオランダ・ビストリユス会社からの借財事件など不祥事が連発。ついには城櫓および各門の銅瓦を売却して、家臣の生活費にあてるという絶望的な状況に追い込まれてしまう。もはや破産状態である。

こうした状況下で明治四年（一八七一）七月十四日、太政官は廃藩置県の政令を発布した。館藩は廃止され、新たに館県が置かれることになったのである。

始祖信広以来、三世紀余の長きに亘って蝦夷島の支配者として君臨してきた松前藩の歴史はこうして終わった。八月四日、兼広は家臣全員を集め、廃藩置県がなされたこと、自らは知事を辞職したこと、松前を離れ東京に住むこととなったと告げたのだった。

みなに惜別の挨拶を済ませた松前家「ご一行」は、八月二十二日に松前を出発、二十八日には函館★から英国船エーレー号に搭乗して、帝都東京へと向かったのだった。

ちなみに廃藩置県によって、藩のすべての債務は明治政府が代わって負うこととなっていた。藩を渡すことで借金はめでたく消える。これまでの耐乏の日々から解放されることを、案外、安堵していたのかもしれない。

▼函館
「箱館」から「函館」と改称されたのは明治二年ごろといわれる。「明治二年本出張所を置き箱館を函館と改む」（『開拓史事業報告』）、「（明治二年）九月三十日開拓使出張所を函館に置く、箱館の字を函館に改めたるは此時なり」（『函館区史』）といった記述がその根拠とされる。

これも松前

北海道土人救育慈善音楽会

忘れられていた音楽会

明治三十五年（一九〇二）十月六日、朝日新聞は「北海道土人救育慈善音楽会」という見出しで、次のような記事を掲載している。

「北海道旧土人救育の為、松前子爵等の発起せし土人救育会にては、来る（十月―筆者）十八、十九の両日、上野公園音楽学校において慈善音楽会を開き、洋楽の独奏及び合奏、軍楽、長唄、能、狂言、三曲等の演奏ある由。又、東京女子師範学校附属の高等女学校生徒は同会の事業を賛成し、文房具数点取揃えて寄贈したり」

また十九日の朝日新聞は、「松前子爵夫人を始め各貴婦人の発起賛成にかかる北海道土人救育会にては昨今両日を以て上野音楽学校奏楽堂に慈善音楽会を開催し……盛会なりし」と伝えている。

ひと言で言えば、松前子爵夫人をはじめとする女性たちが音頭を取って、アイヌ民族への慈善を目的とした音楽会を開催し、盛会のうちに終わった、という内容の記事である。また「女学生から文房具が寄贈された」という記述などから、この音楽会はアイヌの子女に対する教育援助も目的として行われた事業であったことがわかる。

時あたかも「北海道旧土人保護法」が制定されて間もない時期である。もしかしたらこのころ、日本の上層階級たちの間でアイヌ民族に対する慈善活動がいっとき盛り上がっていたのだろうか。

だが、この音楽会のことを知る人は、いまではごくわずかだ。

明治の松前家とアイヌ民族

記事からは、音楽会の正式名が「北海道土人救育慈善音楽会」であり、主催が「土人救育会」なる組織であることがわかる。そしてどうやら、一定程度、松前家が影響力をもつ組織でもあったようだ。

松前家の始祖、武田信広が蝦夷島における和人統一政権の頂点に君臨してから四百年余り。松前藩がアイヌ民族に行ってきた「過去」はけして軽いものではないことはいうまでもない。

だがその一方で、松前藩の「過去」を背負った松前家の人々が「過去」をどのように受け止め、向き合っていたか語られることもほとんどない。もしかしたらこうした事業は、北海道の「旧主」として明治を生きる彼らの「過去」との向き合い方であったのかもしれない――。

この記事は、明治維新以後の松前家がアイヌ民族とかかわり続けていたという事実をいまに伝える、貴重な記録である。

※明治政府は、北海道に先住するアイヌ民族を「旧土人」と規定した。はじめは「現地の人」という意味で使われていたが、しだいに差別的な言葉に転化した。

これも松前

〝松前藩御用達〟五勝手屋の羊羹

北海道みやげといえば、魅力的なスイーツがいくつもある。白い恋人、六花亭のバターサンド、ロイズの生チョコレート、などなど。ただ、これらはいずれも昭和以降に生み出された比較的新しいおみやげだ。北海道には、江戸時代までさかのぼるような古くからの銘菓はないのだろうか？

あるんです、ちゃんと。それが宝暦年間（一七五一～六四）の創業という江差の老舗、五勝手屋の羊羹である。現在の羊羹は十勝《とかち》産のササゲと信州寒天をあわせて入念に練り上げてあり、品のある深い小豆色をしている。人気商品の丸缶羊羹は、糸で切りながら口にするという独特な食べ方。指を汚さないように考案されたという。味がおいしいのはもちろん、食べ方も面白い。

そもそも五勝手屋の創業者、小笠原家の祖先は、慶長年間（一五九六～一六一五）に江差の地に渡り住んだという。やがてヒノキの産地だった江差には、伐採のために南部藩の杣人《そまびと》たちが多くやってきた。宝暦ごろ、そのなかの一グループ五花手組《ごかってぐみ》が、ためしに小豆を栽培してみたところ、立派に実らせることができた。そこで、江差にいた小笠原家のご先祖が、これを利用して菓子をつくりはじめたのが五勝手屋の原点という。この屋号も、もちろん五花手組からとったものである。

五勝手屋の丸缶羊羹

こうして創業した五勝手屋は、松前藩主に紋菓を献上するようになり、いわば〝松前藩御用達〟の菓子商となった。往時を物語る落雁《らくがん》の木型も残されている。当初はさまざまな菓子を商っていたようだが、明治三年（一八七〇）に至って羊羹一筋に切り替えた。（公式には、この年を創業の年としている）その後も昭和天皇の函館臨幸に際して献上されたり、また道南名物コンクールで一位に選ばれたりするなど、北海道を代表する老舗として認知され、今日に至っている。

五勝手屋は、いまも創業の地江差に本店を構えている。支店はないものの、名物の羊羹は北海道各地のみやげ屋で買うことができる。新参者のスイーツでひしめく店のなか、レトロな包装紙に包まれたその一品は、ひときわ異彩を放っているはずだ。こんど見かけたときは、ぜひ手に取って伝統の味を堪能してみてほしい。

エピローグ

松前城と松前町

太平洋戦争も直近《ちょっきん》に迫った昭和十六年(一九四一)三月十一日のこと。松前町が待ち望んでいた朗報が飛び込んできた。この日、文部省で開催された第二回国宝保存会において、備中松山城(岡山県高梁市)とともに、松前城の天守・本丸御門・本丸御門東塀が国宝(旧国宝)に指定されたのである。

覆水盆に帰らず——明治維新以後、明治政府が全国の城の破却を推進したことで、気がつけば数多《あまた》あった城は、あっという間にその数を激減させてしまった。昭和期には、松前城は、日本国内で建設当時のままの姿をとどめる希少な存在となっていたのだった。

明治以後、かつての藩主松前家はもういない。いわば主《あるじ》なきお城である。だが松前の人々にとって、お城は誇りであり続けた。なぜ? そう聞かれても困るだろう。お城の魅力とはそういうものだ。己の住む町にお城があるというのは、その町に生きる者に与えられた「特権」なのだ。

太平洋戦争の惨禍《さんか》は、日本中の多くの宝物《ほうもつ》を焼尽《しょうじん》せしめた。金のシャチホコ名古屋城もそのひとつである。そうしたなか松前城は、太平洋戦争の惨禍を潜り抜け、戦後も変わらず堂々と佇立していた――のだが、失われたのは、ただの「不注意」からだった。

昭和二十四年六月五日午前一時過ぎ、松前町役場宿直室からの失火は、追手門を残して、松前城のすべてを燃やし尽くしてしまったのである。

なくなるのは、あっという間だ。悲しみに暮れた町民であったが、ふたたびお城を！　という思いが町民を突き動かした。町外からの善意にも助けられ、昭和三十六年、ついに松前城はその姿をふたたび町民の前に現したのだった。ちなみに再建から間もない、この頃の松前城を撮った写真が新聞紙上に掲載されている（昭和三十九年十月四日付『朝日新聞』）。

平成二十八年（二〇一六）現在、コンクリート製天守閣から、より本格的な復元も視野に、準備がすすめられているという。大いに期待したいところだ。

最後に――。もし松前城を見てみたいと思ったのなら、おすすめは春だ。本州よりもちょっと遅い春の時期、お城の周辺はたくさんの桜で彩られるからだ。まさに、松前は今日もお城で持っているのである――。

あとがき

二〇一六年の元旦は、とても寒い日でした。

今思えば、無茶なことをしたものだと思います。二〇一五年の年の暮れ、世間さま的には「もうまもなく一年も終わるなあ」というようなとき、著者（たち）は、唐突に、新羅明神に初詣に行こうと思い立っていました。

もちろん理由はあります。新羅明神は、松前藩の祖先（と松前藩が称するところの）新羅三郎義光を祀る「霊廟」であり、そして松前藩の正史たる『新羅之記録』が編まれた地でもあります。つまりは「松前藩を執筆するならば、当然行くべき地であろう」。そんな心境だったのです。が、何も年の瀬に行くこともなかったかもしれません。なぜなら新羅明神は筆者（たち）の住む北海道でも東京都でもなく、滋賀県にあったからです。

新幹線を乗り継いで、新羅明神が鎮座するはずの三井寺に到着。あたりを歩き回るうち、冷たい雨が降ってきました。初詣の集団もすでに去り、寒さも一層増すなか、ようやく新羅明神と思しきその地を探し当てたのは、午前三時を過ぎる頃。大きな鳥居こそかろうじて確認できるものの、その先は、物の怪でも潜んでいそうな漆黒の闇でした。

せっかくここまで来たのだ。せめて一目だけでも――。

新羅善神堂
（滋賀県大津市）

寒さと雨に震え、たまにコンビニに立ち寄って暖を取り、睡魔とも戦いながら、ひたすら夜明けを待ちました。そうこうするうちに雨も上がり、そしてついに訪れた初日の出。朝日とともに浮かび上がった新羅明神は、とても静かで、そして荘厳でした。このとき感じた「静かな高揚感」は、いまでもうまく言葉にできません。

かつてこの地に立った松前藩のひとたちも、こうした想いにとらわれたのだろうか――。ほんの少しだけ、松前藩の歴史を追体感できたような気持ちになりました。

この度は本書をお手に取ってくださり、ありがとうございました。読者の皆さまに気軽に読んでいただけるよう、筆者（たち）なりに微力を尽くしたつもりです。至らぬところも多々あろうと思いますが、本書によって少しでも北方史への興味を感じていただけたなら、そしてなにより、楽しんでいただけたなら、ほんとうに嬉しい限りです。

なお本書を上梓するに際し、多くの方にご協力とご教示を戴きました。桑原真人先生、川上淳先生、田端宏先生、岩下哲典先生、そして研究者としてまだまだ駆け出しの筆者（たち）を、編集者として暖かく支えてくださった加唐亜紀氏、執筆の機会を与えてくださった現代書館社長菊地泰博氏に、この場を借りて深謝申し上げます。

濱口裕介
横島公司

主要参考文献

秋月俊幸『日本北辺の探検と地図の歴史』北海道大学図書刊行会　一九九九年
秋月俊幸『千島列島をめぐる日本とロシア』北海道大学出版会　二〇一四年
浅倉有子「天保期における東蝦夷地上知構想」横浜開港資料館・横浜近世史研究会編『一九世紀の世界と横浜』山川出版社　一九九三年
厚岸町史編集委員会編『新厚岸町史』通史編第一巻　二〇一二年
荒野泰典『近世日本と東アジア』東京大学出版会　一九八八年
荒野泰典『日本の時代史』一四・江戸幕府と東アジア　吉川弘文館　二〇〇三年
磯崎康彦『松前藩の画人と近世絵画史―蠣崎波響と熊坂適山・蘭斎兄弟―』雄山閣出版　一九八六年
岩下哲典『江戸のナポレオン伝説―西洋英雄伝はどう読まれたか―』中公新書　一九九九年
岩下哲典『幕末日本の情報活動―「開国」の情報史―（改訂版）』雄山閣　二〇〇八年
「えぞキリシタン」発起人会編『え・ぞ・キ・リ・シ・タ・ン』サンケイ出版発売　一九八〇年
ブレット＝ウォーカー著／秋月俊幸訳『蝦夷地の征服一五九〇－一八〇〇―日本の領土拡張にみる生態学と文化―』北海道大学出版会　二〇〇七年
榎森進「幕藩体制下の北海道」「松前藩」児玉幸多・北島正元編『新編物語藩史』第一巻　新人物往来社　一九七五年
榎森進『アイヌ民族の歴史』草風館　二〇〇七年
小川恭一編著『江戸幕藩大名家事典』上　原書房　一九九二年
海保嶺夫『エゾの歴史―北の人びとと「日本」―』講談社選書メチエ　一九九六年
加藤貞仁『箱館戦争』無明舎出版　二〇〇四年
上白石実『幕末の海防戦略』吉川弘文館　二〇一一年
川上淳『近世後期の奥蝦夷地史と日露関係』北海道出版企画センター　二〇一一年
菊池勇夫編『日本の時代史』一九・蝦夷島と北方世界　吉川弘文館　二〇〇三年
菊池勇夫『五稜郭の戦い―蝦夷地の終焉―』吉川弘文館　二〇一五年
桑原真人「松前藩―正義隊のクーデター―」『歴史読本』第四八巻第一一号　新人物往来社　二〇〇三年
桑原真人・川上淳『北海道の歴史がわかる本』亜璃西社　二〇〇八年
佐々木史郎『北方から来た交易民―絹と毛皮とサンタン人―』（ＮＨＫブックス）　一九九六年
ノリーン＝ジョーンズ著／北條正司・松吉明子・エバン＝クームズ訳『北上して松前へ―エゾ地に上陸した豪州捕鯨船―』創風社出版　二〇一二年
新藤透『松前景広『新羅之記録』の史料的研究』思文閣出版　二〇〇九年
コラー＝スサンネ「安永年間の蝦夷地における日露交渉と千島アイヌ」『北大史学』第四二号　二〇〇二年
武田静澄・堀尾青史編『グラフィック版　民話と伝説』第一巻（北海道・東北Ⅰ）　学習研究社　一九七七年
田端宏・桑原真人・船津功・関口明『北海道の歴史』（県史一）　山川出版社　二〇〇〇年
ロナルド＝トビ『全集日本の歴史』第九巻・「鎖国」という外交　小学館　二〇〇八年
福島町編・発行『福島町史』第二巻・通説編（上）　一九九五年
北海道開拓記念館・開拓の村文化振興会編・発行『蝦夷地のころ』一九九九年
松前町史編集室編『松前町史』通説編・第一巻下　一九八八年
松前町編・発行『松前藩物語』二〇一〇年
村井章介『境界史の構想』敬文社　二〇一四年
森荘巳池『私残記』中公文庫　一九七七年
梁川町史編纂委員会編『梁川町史』第二巻　近世　通史編Ⅱ　同町　一九九九年
山口啓二『鎖国と開国』岩波現代文庫　二〇〇六年
山下恒夫編『大黒屋光太夫史料集』第一巻・開国のあけぼの　日本評論社　二〇〇三年
横山伊徳『日本近世の歴史』五・開国前夜の世界　吉川弘文館　二〇一三年
富村登校訂『三川雑記』吉川弘文館　一九七二年
Авдюков, Ю. П., Ольхова, Н. С., Сурник, А. П. (ed.) / Авдюков, Ю. П.(rev.) Командор. Офсет. Красноярск. 1995.

協力者

船橋芳琇氏
厚沢部町教育委員会
国立公文書館
国立国会図書館
五稜郭タワー株式会社
札幌市中央図書館
函館市教育委員会
函館市中央図書館
弘前公園
北海道博物館
北海道立文書館
松前城資料館
八雲観光物産協会

濱口裕介（はまぐち・ゆうすけ）
千葉県生まれ。二〇〇七年立教大学大学院文学研究科史学専攻博士課程前期課程修了。現在は、足立学園中学校・高等学校常勤講師。専攻は、日本近世史。
共著に『龍馬の世界認識』（藤原書店、二〇一〇年）、『城下町と日本人の心性─その表象・思想・近代化─』（岩下哲典・「城下町と日本人の心」研究会編、岩田書院、二〇一六年）など。

横島公司（よこしま・こうじ）
岩手県生まれ。二〇一三年立教大学大学院文学研究科史学専攻博士課程後期課程満期退学。現在は、札幌大学女子短期大学部助教。専攻は、日本近現代史。
共著『再論　東京裁判』（大月書店、二〇一三年）、ほか近著として「ヴェルサイユ講和条約におけるカイザー訴追問題と日本の対応」『日本史研究』604（日本史研究会、二〇一二年）、「有賀千代吉とバチェラー八重子」『立教学院史研究』13号（立教学院史資料センター、二〇一六年）など。

シリーズ藩《はん》物《もの》語《がたり》 **松前藩《まつまえはん》**

二〇一六年十月三十日　第一版第一刷発行

著者───濱口裕介、横島公司
発行者───菊地泰博
発行所───株式会社　現代書館
東京都千代田区飯田橋三─二─五　郵便番号　102─0072　http://www.gendaishokan.co.jp/
電話　03─3221─1321　FAX　03─3262─5906　振替　00120─3─83725
組版───デザイン・編集室 エディット
装丁───中山銀士＋杉山健慈
印刷───平河工業社（本文）東光印刷所（カバー・表紙・見返し・帯）
製本───越後堂製本
編集───加唐亜紀
編集協力───黒澤　務
校正協力───二又和仁

 ISBN978-4-7684-7143-2

江戸末期の各藩

松前、八戸、七戸、黒石、**弘前**、**盛岡**、**一関**、秋田、亀田、本荘、秋田新田、仙台、松山、**新庄**、**庄内**、天童、長瀞、**山形**、上山、**米沢**、米沢新田、相馬、福島、**二本松**、三春、**会津**、**守山**、棚倉、平、湯長谷、泉、**村上**、黒川、三日市、**新発田**、村松、三根山、与板、**長岡**、椎谷、**高田**、糸魚川、松岡、笠間、宍戸、**水戸**、下館、結城、**古河**、下妻、府中、土浦、麻生、谷田部、牛久、大田原、黒羽、烏山、喜連川、**宇都宮・高徳**、壬生、吹上、**足利**、佐野、関宿、高岡、佐倉、小見川、多古、一宮、生実、鶴牧、久留里、大多喜、請西、飯野、佐貫、勝山、館山、岩槻、忍、岡部、**川越**、沼田、前橋、伊勢崎、館林、高崎、吉井、小幡、安中、七日市、飯山、須坂、**松代**、**上田**、**小諸**、岩村田、田野口、**松本**、諏訪、**高遠**、飯田、金沢、荻野山中、小田原、**沼津**、小島、田中、掛川、**相良**、横須賀、浜松、富山、加賀、大聖寺、郡上、高富、苗木、岩村、加納、大垣、高須、今尾、犬山、挙母、岡崎、西大平、西尾、吉田、田原、大垣新田、尾張、**刈谷**、西端、長島、**桑名**、神戸、菰野、亀山、津、久居、鳥羽、宮川、彦根、大溝、山上、西大路、三上、膳所、水口、丸岡、勝山、大野、**福井**、鯖江、敦賀、小浜、淀、新宮、田辺、紀州、峯山、宮津、田辺、綾部、山家、園部、亀山、福知山、柳生、柳本、芝村、郡山、小泉、櫛羅、高取、高槻、麻田、丹南、狭山、岸和田、伯太、豊岡、出石、柏原、篠山、尼崎、三田、三草、明石、小野、姫路、林田、安志、龍野、山崎、三日月、赤穂、鳥取、若桜、鹿野、津山、勝山、新見、岡山、庭瀬、足守、岡田、岡山新田、浅尾、松山、鴨方、福山、広島、広島新田、高松、丸亀、多度津、西条、小松、今治、松山、**大洲・新谷**、**伊予吉田**、**宇和島**、徳島、**土佐**、土佐新田、**松江**、広瀬、母里、浜田、津和野、岩国、徳山、長州、長府、清末、小倉、小倉新田、**福岡**、**秋月**、**久留米**、柳河、三池、蓮池、唐津、**佐賀**、小城、鹿島、大村、島原、平戸、平戸新田、**中津**、杵築、日出、**府内**、臼杵、**佐伯**、森、**岡**、熊本、熊本新田、宇土、人吉、延岡、高鍋、佐土原、飫肥、薩摩、対馬、五島（各藩名は版籍奉還時を基準とし、藩主家名ではなく、地名で統一した）

★太字は既刊

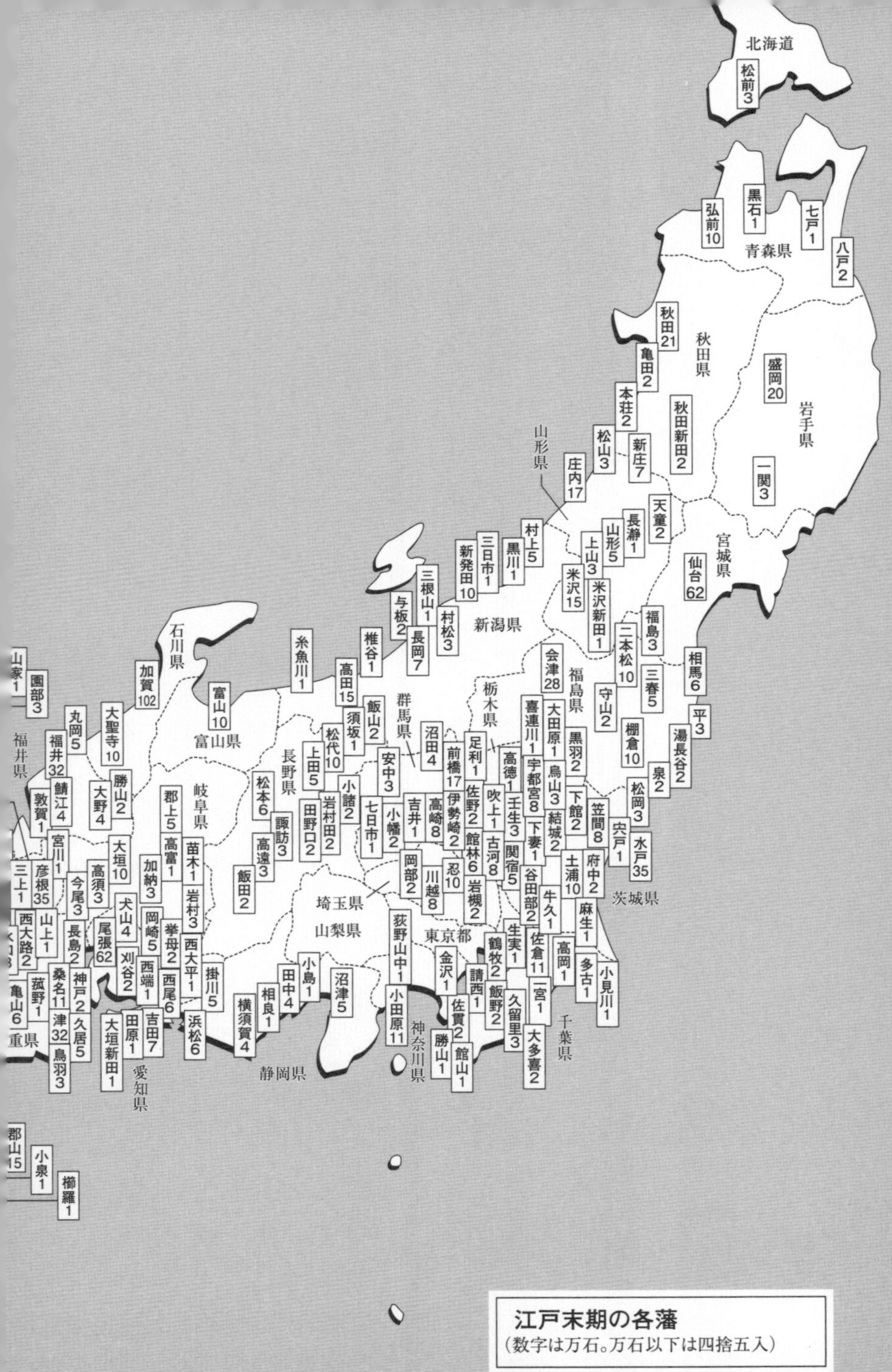

江戸末期の各藩
（数字は万石。万石以下は四捨五入）